Robert Heeß · Ich liebe dich gerade

Robert Heeß

Ich liebe dich gerade

Erwachsen werden in Liebesdingen

1. Auflage (2013)

Autor: Robert Heeß
Umschlaggestaltung: Ursula Ingmanns, www.leporella-grafik.de
Lektorat: sinntext literaturagentur, Ina Kleinod, www.sinntext.de
Satz: Michael Anderau, www.sternenaugen.net
Printed in Germany

Verlag: tao.de in J. Kamphausen Verlag und Distribution GmbH,
Bielefeld, www.tao.de, eMail: info@tao.de

Bibliografische Information der Deutschen Nationalbibliothek:
Die Deutsche Nationalbibliothek verzeichnet diese Publikation in der Deutschen Nationalbibliografie; detaillierte bibliografische Daten sind im Internet über http://dnb.d-nb.de abrufbar.

ISBN: 978-3-95529-236-2

Für meine Kinder

Inhaltsverzeichnis

Vorwort

Liebe ist ein Phänomen voller Geheimnisse. Menschen aller Zeiten haben sie ersehnt, von ihr gekostet, sie besungen und über sie gedichtet, aber sie bis heute nicht entschlüsselt. Das muss auch nicht sein und hat gute Gründe, denn so bleibt sie ein Mysterium. Über Jahrtausende hinweg war die Liebe jedoch so sehr von gesellschaftlichen und religiösen Normen und Tabus eingezwängt, dass sie mehr Traum als Wirklichkeit zu sein schien. Sie galt von jeher als flüchtig, und daher schien es in vielerlei Hinsicht geboten, langfristige Partnerschaften nicht ausgerechnet auf Liebe zu gründen. Aber zumindest träumen durfte man von ihr, und in Fantasie und Poesie fanden hehre Liebesideale und unersättliches Begehren ihren höchsten Ausdruck.

Heute wollen wir nicht nur von der Liebe träumen, wir wollen sie konkret erleben, mit Haut und Haar und im Hier und Jetzt. Liebe gilt als die Grundvoraussetzung einer erfüllenden Partnerschaft, und wenn wir uns nicht mehr lieben, dann können wir uns ja trennen und unser Glück woanders suchen. Ob wir in daraus resultierender serieller Monogamie oder in alternativen Beziehungsformen allerdings mehr Liebe zu leben in der Lage sind, ist damit noch lange nicht gesagt.

Vielleicht waren Frauen und Männer noch niemals zuvor in der Geschichte der Menschheit so frei, ihr Liebesleben nach ganz eigenen, individuellen Vorstellungen zu gestalten wie in unserer heutigen Kultur. Im Prinzip. Wenn wir jedoch unser Liebesleben näher unter die Lupe nehmen, dann sind Zweifel angebracht, ob wir diese Freiheit überhaupt nutzen. Viele Paare scheitern bei dem Versuch, ihrer Liebe Dauer zu verleihen. Millionen Frauen und Männer finden erst gar keinen geeigneten Partner und leben unfreiwillig als Single. Und auch Paare, die sich lieben, geraten auf ihrer gemeinsamen Reise immer wieder in schwere See, verlieren die sexuelle Attraktion füreinander, polarisieren sich in gegensätzlichen Wünschen und Bedürfnissen oder fühlen sich überfordert, ihre Liebe im Alltag zu leben. Was nützt uns alle Freiheit, wenn die Fähigkeit fehlt?

In „Ich liebe dich gerade“ geht es vor allem um die Entwicklung unserer Liebesfähigkeit. Mit undogmatischem Forschergeist untersucht Robert Heeß all die Vorstellungen und Gewohnheiten, die Tiefe und Dauer der Liebe im Wege stehen. Ob es eingefahrene Denkmuster oder die Relikte überkommener Moralvorstellungen sind, die uns gefangen halten, oder kindlich-naive Erwartungshaltungen, die jeden potentiellen Partner überfordern, ob es mangelnde Kenntnisse über die Dynamik von Liebe und Sexualität sind oder schlicht ungenutzte Potenziale, die unerkannt in uns schlummern: der Autor gibt vielfältige Anstöße, ganz und gar undogmatisch und aus unterschiedlichsten Hintergründen und Traditionen, die alle einem Ziel dienen – in Liebesdingen erwachsen zu werden. Zahlreiche Beispiele zeigen, wie jeder von uns die Verantwortung dafür mit Mut und Zuversicht übernehmen kann. Dabei geht es ihm nicht darum, neue Ideale zu proklamieren oder bestimmte Beziehungsmodelle zu favorisieren, sondern zu ermutigen, sich selbst auf die Entdeckungsreise zu machen, gewohnte Sicht- und Verhaltensweisen zu überprüfen und Neues zu wagen, was der Liebe dient und uns zur Liebe befähigt. Auch die besonders brisanten Themen rund um Treue und Freiheit werden in ihrer Tiefe und Widersprüchlichkeit ausgeleuchtet. Besondere Aufmerksamkeit kommt dabei der Erfahrung im jeweiligen Augenblick zu, denn nur in der ewigen Gegenwart, im Hier und Jetzt, kann sich die Liebe manifestieren. Das heißt aber nicht, dass wir uns ihrem Kommen und Gehen einfach ohnmächtig ergeben, sondern dass wir das tun, was wir tun (oder lassen) können, um der Liebe die größtmögliche Chance zu geben.

Liebe ist ein Mysterium, das größer ist als wir selbst. Sie kann niemals von uns unter Kontrolle gebracht werden. Der geheimnisvollen Dimension der Liebe begegnet Robert Heeß mit wohltuender, angemessener Bescheidenheit. In Liebesdingen lernen wir nie ganz aus. Aber wir müssen auch nicht in dem naiven Glauben verharren, dass die Liebe einfach vom Himmel fiele und wir in Sachen Liebe nichts zu lernen hätten. Mit großem Enthusiasmus lädt der Autor dazu ein, dran zu bleiben, sich die nötige Unterstützung nicht zu versagen und zu probieren, zu üben und zu trainieren, was unsere Liebe in Fluss bringt.

In allen Bereichen des Lebens können wir uns heute fortbilden, auch in Sachen Liebe. Aber insbesondere hier gibt es immer noch eine weit verbreitete Scham, so als sei es ein Makel oder Eingeständnis mangelnder Liebens-würdigkeit, nicht einfach so geliebt zu werden oder selbst lieben zu können. Es gehört zu einem aufgeklärteren, wacheren und bewussteren Umgang mit unserem Liebesleben, wie es dem Autor vorschwebt, uns von solchen einschränkenden Vorstellungen zu befreien. Die vielfältigen und konkreten Tipps und Hinweise, wo wir ansetzen und wie und wo wir uns konkret Hilfe und Unterstützung holen können, runden dieses Buch auf stimmige Weise ab.

Die Entscheidung, unsere Liebesfähigkeit weiter zu entwickeln, kann uns niemand abnehmen. Wer aber reichhaltige, fundierte und engagierte Anregung und Ermutigung dafür sucht, der liegt mit „Ich liebe dich gerade“ genau gerade richtig.

Saleem Matthias Riek
Freiburg im Breisgau, im August 2013

Anerkennung

Meine Anerkennung zolle ich Karl Geck, Jahrgang 1942, Mann, Liebhaber, Vater, Langstrecken-Radfahrer, Arzt, Psychotherapeut und Seminarleiter im Südschwarzwald. „Durch Lebenskrisen habe ich dazu gelernt und konnte mit den Jahren ein Stückchen liebevoll-demütig werden", sagt er. Das ist eine der Gemeinsamkeiten, die mich mit Karl freundschaftlich verbinden, obwohl wir uns erst wenige Male persönlich begegnet sind.

Mitte der 1990er Jahre fasste Karl Geck seine Gedanken zum Thema „Erwachsen werden in Liebesdingen" in einem Buch mit eben diesem Titel zusammen. Es ist vergriffen, der Verlag will es nicht mehr auflegen, mir war es aber wertvoll. Daher habe ich Karls Gedanken – mit seiner Einladung und Erlaubnis – aufgegriffen, ergänzt, weiter gesponnen, meine eigenen dazu gesellt und alles miteinander neu verwoben. So ist ein neues Buch entstanden, das Erfahrungen meines Lebensweges und die eines fast eine Generation älteren Mannes atmet.

Für diese Möglichkeit danke ich dem Leben.
Und natürlich Karl.

Robert Heeß
Bad Belzig, im Juli 2013

Zur Einstimmung

„So, ich hätte also viele schöne Bücher in den Taschen …“, erfuhr der neue Schüler von seinem indischen Guru. „‚Vorsicht‘, warnte er, ‚dieses Wissen aus Büchern kommt aus zweiter Hand, es ist nur übernommen und nicht sehr viel wert.‘“ Es gehe im Leben um einen anderen Weg, und „dieser andere Weg war dem Alten nach der Weg der Erfahrung. Der Erfahrung am eigenen Leib. Wahres Verständnis gelinge nicht mit dem Kopf, sondern nur über das Herz. Wirklich verstehen könne man nur, was man selbst empfunden, in sich gefühlt habe.“ So schrieb der italienische Schriftsteller Tiziano Terzani über seine Ankunft bei seinem Lehrer im Himalaya in seinem Buch „Noch eine Runde auf dem Karussell – Vom Leben und Sterben“. Ein feiner Leitgedanke. Und so lege ich dir, liebe Leserin, lieber Leser, im Sinne dieses alten, indischen Weisen die Lektüre von „Ich liebe dich gerade“ ans Herz. Das Buch enthält keine Wahrheiten. Was ich schreibe, hat keinen Anspruch auf Wahrheit. Doch was ich zusammengetragen habe, sind wahre Gedanken, wahre Geschichten, wahre Wünsche, wahre Erfahrungen, Hinweise und Hoffnungen. Möge dich das ein oder andere inspirieren „Erfahrungen am eigenen Leib“ zu machen. Und solltest du den Eindruck gewinnen, ich hätte dieses Buch nur für mich geschrieben, um mir über einige Liebesdinge klarer zu werden, dann könnte da durchaus etwas dran sein.

Danke für dein Interesse.

Robert Heeß

INTRO

Sich der Liebe selbst verpflichten

„Ich bumse gerne." Was für ein erster Satz! Gabriel Barylli hat ihn geschrieben. Als Einstieg in seinen Roman „Honigmond". Die Leserschaft wird buchstäblich hinein katapultiert ins literarische Geschehen, überraschend und atemlos. Er gefällt mir, dieser Satz. Er gefällt mir vor allem, weil er mit drei Worten eine Wahrheit erfasst, deren Brisanz dich entweder ein Leben lang hilflos am Haken zappeln lassen – oder befreien kann. „Ich bumse gerne. Mein Gott, hat das lange gedauert, bis ich das sagen konnte", schreibt Barylli weiter. „Nicht in der Öffentlichkeit, versteht sich, nicht mitten in einem eleganten Kerzenlichtdinner nach den Philharmonikern, da bin ich nicht mit dieser Wahrheit herausgeplatzt, so dass jedem der Teilnehmer die Auster von der Schale gerutscht ist. Nein – mit mir hatte ich Probleme. Ich war die Zensur, die nicht erlaubt hat, es so zu sagen, wie es ist. Ich bumse gern."[x1]

Sex, Begehren und begehrt-werden-wollen sind einige der Aspekte jener Liebesdinge, um die es in diesem Buch geht. Es sind prickelnde, intime Wünsche und in aller Regel Triebfedern oder Bremsen in Liebesbeziehungen. Ihre Bedeutung für das Gelingen eines Lebensweges vermittelt ein Gefühl dafür, weshalb es so dringend und so wichtig ist, in Liebesdingen erwachsen zu werden. Manchmal erstaunt es mich, wie schnell sich Sichtweisen und Verhalten auf gesellschaftlicher Ebene verändern. In der Rückschau über nur 20 oder 30 Jahre wird diese Rasanz sichtbar und fühlbar. Es ist ein Wandel, der sich beileibe nicht auf Äußerlichkeiten und Oberflächlichkeiten beschränkt. Die vorherrschenden Grundannahmen über das Leben und darüber, was es heißt Mensch zu sein, über Beziehungen von Menschen untereinander, sind oft genau das Gegenteil von dem, was der Jugend früherer Jahrzehnte als richtig und gut vermittelt wurde.

Karl Geck, dessen Veröffentlichung „Erwachsen werden in Liebesdingen" durch das hier vorliegende Buch weiter ausgeführt wird, wurde 1942 geboren. Vieles hat sich in Schall und Rauch aufgelöst, was für ihn zum Beispiel in Sachen Beziehungen und Sexualität als Jugendlicher und junger Mann selbstverständlich war; für mich, obwohl 15 Jahre jünger, gilt ähnliches. Als Medizinstudent las Karl 1962 in einem gynäkologischen Lehrbuch aus den Vierzigern, dass „normale Frauen" kein heftiges sexuelles Begehren und keine intensive sexuelle Erlebnisfähigkeit hätten. Heute erscheint das grotesk. Es passte aber zu einer irgendwie nebulösen Überzeugung jener Zeit, die in etwa so geklungen haben mag: „Frauen tun's nur den Männern zuliebe." Solche Einstellungen rufen heute bei uns höchstens ein mitleidiges Lächeln hervor. Oft vergessen wir dabei, dass das, was heute gilt, nicht wirklicher, wahrer oder besser ist, sondern von dem, was morgen sein wird, abgelöst werden wird. Dass es letztlich keinen allgemeingültigen Maßstab dafür gibt, was richtig und was falsch ist, was gesund und was krank, was sittlich und was unsittlich ist. In einigen Jahren wird die heutige Lebens- und Liebeswirklichkeit wahrscheinlich genauso fremd und absurd erscheinen. Was letztlich zählt, ist die *Wirkung* dessen, was wir für wahr und richtig halten. Denn das ist es, was uns antreibt. Daraus speist sich unser konkretes Verhalten.

Wohin soll die Reise gehen auf dem Pfad der Liebe?

Wie wollen wir uns und unsere Liebesbeziehungen entwickeln?

Sollen die Generationen nach uns von einer positiven Veränderung in Liebesdingen sprechen, einer Veränderung, die wir heute begründen?

Ich halte diesen Anstoß für möglich und machbar. Wenn wir uns als ersten Schritt offen und offensiv mit dem romantischen Liebesbild auseinandersetzen und seine Auswirkungen hinterfragen, ein Stück weiter in die Selbstverantwortung gehen und erwachsener werden, dann leisten wir einen ansehnlichen Beitrag. Denn Beziehungen, die auf wechselseitigem Besitz und der Abwehr von Liebe zu Anderen basieren, lassen nur selten ein erfülltes Liebesleben wachsen. In den meisten Beziehungen dieser Art kommt es zu Anpassung oder Aggression. Statt prall und intensiv zu leben, entscheiden sich viele Paare für Fernsehen, Dosenbier und Knabberzeug. In feineren Kreisen für edlen Chianti und ein Zweitdomizil in der Toskana. Oder es kommt, wenn dieses resignative Arrangement nicht durchzuhalten ist, zu Verletzung, destruktiven Ausbruchsversuchen und Tragödien. Wenn wir so nicht leben wollen, müssen wir Risiken eingehen und experimentieren, um in unserer Lebenswirklichkeit – und nicht nur in unseren Träumen – Liebe *willkommen* zu heißen. Ohne genau zu wissen, wie sie sich zeigen und wie sie sich auf unsere Sichtweisen und Lebensumstände auswirken wird. In der Vergangenheit war die wechselseitige Ergänzung der Partner im gemeinsamen Bündnis, das das Leben und Überleben mit allen Anforderungen zu bewältigen hatte, die Basis der meisten dauerhaften Paarbeziehungen. Es erzwang eine fest definierte, unflexible und wenig wandelbare Rollenverteilung. Die Gestaltungsspielräume für Liebende waren entsprechend gering.

Heute liegen fundamental andere Voraussetzungen vor. In den meisten westlichen Ländern führen materielle Zwänge kaum noch zu einer bestimmten Form für die Liebe. Wir leben überwiegend in Gesellschaften, die die Freiheit von Not, Ausgrenzung, Hunger und ähnlich bedrohlichen Lebensbedingungen weitgehend garantieren. Darüber hinaus sind Rat gebende Institutionen, (Paar-) Trainings und wirkungsvolle psychologische Methoden entwickelt und allgemein zugänglich gemacht worden, die Menschen dazu befähigen, sich eigenständig und selbstverwaltend in ihren Liebesbeziehungen zu bewegen und letztlich von *Opfern* ihrer Umstände zu deren *Erschaffern* zu werden.

Unsere Wirklichkeiten sind selbstgemacht.

Damit verfügen wir über eine Vielzahl von Voraussetzungen, um unser Liebes-Leben als ein bewusst gelebtes Experiment zu erfinden und zu erforschen. Wir können kreativ sein und ein Kunstwerk aus der Liebe machen, die Möglichkeiten und Freiheiten dazu sind da.

Ich halte uns deshalb für eine privilegierte Generation, die ein Geschenk leben darf: Sich der Liebe selbst zu verpflichten – ohne dass dies zu Lasten der Menschen gehen muss, in denen sich uns die Liebe zeigt. Selbst dann nicht, wenn zu einer bestehenden Zweierliebe ein dritter Liebender hinzukommen sollte. Oder ein vierter. Und dass wir die magischen drei Worte, nach denen wir uns so sehnen, von ihrem bislang impliziten Ewigkeitsversprechen befreien. „Ich liebe dich" bezieht sich dann auf *jetzt*, auf *diesen* Moment: „Ich liebe dich gerade."

Transformation ermöglichen statt Idealen hinterherhecheln

Noch ist innere Selbstablehnung eines der Grundmuster im Menschen in unserer Zivilisation. Ohne *Transformation* bleibt da für Liebe kein Platz. Wenn wir wirklich lieben wollen, dann müssen wir lieben um der Liebe willen, und nicht Liebe spielen in der Hoffnung dafür belohnt zu werden.[1] Es geht in diesem Buch um Liebesbeziehungen jenseits wechselseitiger Besitzrechte, jenseits einklagbaren Seins und Verhaltens. Es geht um Beziehungen, in denen Menschen sich in ihren Versprechen und gegenseitigen Verpflichtungen auf das beschränken, was sie einhalten *können* und *wollen*. Es geht um Liebesbeziehungen ohne Sicherheitsnetz – das zwar die Verletzungsgefahr mindert, aber in der Begegnung die Unmittelbarkeit erschwert. Es geht um Liebe in ihrem eigentlichen, freien Sinn.

Das ist eine Vision!

Und es ist eine kühne Idee, die noch immer keine große Chance zu haben scheint, den Sprung aus der Welt der Möglichkeit in die gelebte Wirklichkeit zu schaffen. All das, was im Laufe der Jahrtausende als menschliche Natur definiert wurde, spricht irgendwie dagegen. Der Blick in die Vergangenheit und Gegenwart zeigt uns, was wirklich *wirklich* ist: Angst, Neid, Missgunst, Misstrauen, Besitz, Kontrolle ... Verständlich, dass mit diesem Blick die Vorstellung, Menschen könnten in Liebe, Selbstliebe, selbstloser Unterstützung und Verbundenheit zusammenleben, schnell als schwärmerisches Ideal oder als Utopie abgetan wird.

1 Dieses Tauschgeschäft nennt der spirituelle Lehrer Thomas Hübl „Economy of Love". Er sagt: „Erst wenn wir aus unserem authentischen Kern heraus genährt sind und unsere Energie von dort kommt, entsteht Freiheit in Beziehung. Das ist die Basis für eine emotional erwachsene Beziehung." Ein achtminütiges Audio ist hier zu hören: https://soundcloud.com/thomashuebl/economy-of-love-thomas-h-bl

Wobei „Utopie“ gleichbedeutend ist mit Spinnerei, durchgeknallter Phantasterei, mit Ideen ohne Realitätsbezug und Bodenhaftung. Dieser Blick hat viel mit Resignation zu tun. Er ist gewachsen aus dem gewaltigen, von Kindesbeinen an vergeblichen Verlangen nach unverstelltem *so sein dürfen*, wie man ist. Der Untergrund der gängigen Definition von Utopie ist die essenzielle Erfahrung des Kindes, *anders* werden zu müssen, als es ist, und *besser* werden zu sollen, als es ist. Das ist jenes unbestimmt-bestimmte Gefühl in uns, nicht in Ordnung zu sein, so wie wir sind. Diese leidvolle Erfahrung ist den allermeisten von uns in Fleisch und Blut übergegangen und prägt unser Verhältnis zu Träumen, Visionen und Veränderung.

Gott sei Dank müssen wir keinem Ideal des Menschseins hinterherhecheln. Uns kann es darum gehen, durch Transformation am ewigen Schöpfungsakt bewusst und bedingungslos mitzuwirken. Transformation gründet auf der Bejahung der Gegenwart und der Vergangenheit, auf der Akzeptanz des kompletten Weges, der bis zum jetzigen Moment geführt hat:

Das, was ist, anerkennen wir als faktisch.

Also auch das, was unangenehm ist oder schmerzt. Das ist jedoch nicht machbar ohne den Verzicht auf kindlich-magisches Denken, für das nicht wirklich *wirklich* ist, was weh tut. „Wir sind hier, um in einen anderen Bewusstseinszustand einzutreten“, heißt es bei Eckhart Tolle. „Dieser neue Bewusstseinszustand ist im Wesentlichen davon gekennzeichnet, dass man nicht von der Zukunft erwartet besser zu sein als die Gegenwart. Man wartet nicht darauf, dass irgendetwas geschieht.“[x2] Es geht also nicht um irgendeine Zukunft, in der wir irgendein Ideal leben. Es geht um ein *Jetzt*, in dem wir in wacher Verantwortung unbekanntes Terrain betreten. Mit einem klaren, kraftvollen Bild in unserem Innen, auf dessen Verwirklichung wir im Außen zugehen, nämlich in diesem freien Sinn zu lieben, damit Liebesbeziehungen entstehen, die jegliche Art einklagbarer Ansprüche und Forderungen transformiert haben.

„Lass uns ’n Wunder sein“

Lass uns ’n Wunder sein,
’n wunderbares Wunder sein.
Nicht nur du und ich allein,
könnte das nicht wunderbar sein?
(Rio Reiser)

Wenn ein Kind geboren wird, betritt es diese Welt als vollkommenes WUNDER, absolut verletzbar, angewiesen auf die Versorgung mit allem, was es zum Überleben und Wachsen in dieser Welt braucht. Es hat so gut wie kein Handwerkszeug, sich verständlich zu machen. Ein *Anderer* außerhalb von ihm ist unverzichtbar. Das Kind muss sich der Fürsorge hingeben. Es beginnt, diesen Anderen ganz langsam als überhaupt anders als es selbst zu begreifen – sein Leben als selbständiges Wesen hat endgültig begonnen. Wenn es den Anderen als *Anderen* beginnt erfassen zu können, taucht als Erfahrung das Ausgeliefertsein auf, lange bevor das Kind benennende Worte dafür haben kann, also in einer vorsprachlichen Lebensphase. Es ist ein Ausgeliefertsein auf Leben und Tod, das es nicht verbal kommunizieren kann. Alles ist so vieldimensional und groß im Erleben des Kindes. Manchmal durchdringen es Wellen des Entzückens und der Liebe, immer dann, wenn alles fließt, was zum Leben notwendig ist, Materielles und Immaterielles. Das ist Glückseligkeit! Alles ist gut, genau so wie es ist. Und das Kind, das zwar langsam lernt, sich als etwas vom Anderen Getrenntes zu begreifen, ist trotzdem eins mit dem Universum.

Dann wiederum, ganz unvermittelt, erlebt dieses Kind auch klar und deutlich, dass sich die Menschen abwenden, von denen es existenziell abhängt. Sie sind nicht da. Sie sind *jetzt* nicht da. Und *jetzt* ist alles, was es gibt. Panik! Entsetzen! Das ist das Ende – im Empfinden des Kindes. Langsam dräut so etwas wie eine Ahnung in dem jungen Menschen. Sie verdichtet sich zunehmend und wird irgendwann zu einer vorsprachlichen und deshalb später nur schwer zugänglichen Erkenntnis, die ungefähr so klingt: „Wenn ich bin, wie ich bin, riskiere ich mein Leben!" Damit wächst ein Kind langsam in eine Welt hinein, in der die Fürwahrnahme der eigenen Mangelhaftigkeit und Abhängigkeit immer mehr genährt wird und sich nach und nach verfestigt. Im selben Maße verblasst die Selbstverständlichkeit des eigenen WUNDER-Seins. In seiner Abhängigkeit kommt es auch nicht auf den ungebührlichen Gedanken, dass mit den *Anderen* etwas nicht in Ordnung sein könnte. Die nahe liegende vorsprachliche Einordnung hört sich in etwa so an: „Diese übermächtigen, riesigen Wesen sind vollkommen. Der Fehler liegt bei mir. Um zu überleben, darf ich nicht so sein, wie ich bin. Ich muss ein Anderer sein. Ich muss *mich* hinter dem verstecken, was ich eigentlich sein soll und ich muss dahinter kommen, wie sie mich haben wollen." Allmählich tauchen moralisierende Wertungen in der Erlebniswelt auf, begrifflich gefasst zum Beispiel als „brav" oder „böse". Das Kind glaubt recht bald von sich selbst „böse" zu sein. Dann reicht es auf die Dauer nicht aus sich nur zu verstellen. Nein, der junge Mensch *wird* allmählich selbst zu dem, dessen Rolle er spielt, die er mit dem Sich-Verstellen aber überhaupt erst zu spielen begonnen hat. Das ist die Welt des Kleinkindes: kompliziert, verwirrend und gefährlich.

Dann wird das Kind älter und größer, wird physisch und psychisch immer selbständiger und letztlich als Erwachsener fähig, sich ohne die Hilfe eines *spezifisch* Anderen durchs Leben zu bewegen. Eigentlich. In aller Regel tun wir das aber nicht, wir wandern nicht ohne die Hilfe eines spezifisch Anderen durch unser Leben. Irgendwie – ganz merkwürdig und untergründig – scheint ein Verhinderungs-Mechanismus dieser Loslösung im Wege zu stehen, sodass Menschen, die sich erwachsen nennen, auf subtile Weise weiterhin glauben, auf diesen spezifisch Anderen angewiesen und von ihm abhängig zu sein. Und halten es dann für Liebe, wenn sie jemanden gefunden haben.

Wir Kleinkinder in Erwachsenenkostümen.

Was wäre das für ein Quantensprung, wenn wir diesen Verhinderungs-Mechanismus *funktionsunfähig* machen würden und wir wieder bemerken, dass wir als erwachsene Menschen natürlich auch soziale Wesen mit sozialen Bedürfnissen sind, aber *keinen* spezifisch Anderen mehr zum Überleben brauchen, weder körperlich noch geistig und auch nicht emotional. Als Erwachsene haben wir *erneut* die Möglichkeit, uns selbst ohne Narzissmus als WUNDER zu erleben und in der Liebe anderen als ebensolchen WUNDERN zu begegnen.

Unsere Liebesbeziehungen wären Lichtungen für Bewusstheit!

TEIL I – Unterscheidenswertes

Das Ding mit der Romantik

Unsere Kultur ist vom Konzept der romantischen Liebe tief durchdrungen: Irgendwo da draußen gibt es die *eine* Frau, den *einen* Mann, und wenn wir diesen Menschen gefunden haben, dann wird das Leben ein anderes sein. Endlich! Dann trifft uns die Liebe vielleicht sogar wie der Blitz aus heiterem Himmel und alles wird richtig und gut!

Aaah …

Nicht, dass dies nicht möglich wäre. Hin und wieder verlieben wir uns Hals über Kopf. Das ist Verliebtheit. Romantische Verliebtheit. Ein wunderbarer Seinszustand, aber mit aufgedrucktem Haltbarkeitsdatum. Wir tun gut daran, romantische Verliebtheit zu unterscheiden von der erwachsenen romantischen Liebe, einem Sein, auf dem sich *wirkliche* Liebesbeziehungen aufbauen lassen.

Eine Freundin lebt seit einigen Monaten eine heimliche Beziehung. Sie ist total verknallt und dem ganzen Sturm von Gefühlen ausgeliefert, die eine solche Situation begleiten können. Ihren Mann schätzt sie sehr, sie sind seit 20 Jahren zusammen, sie sind nah und vertraut. Auch noch nach so vielen Jahren ist Sex mit ihm für sie immer wieder schön und nährend, geprägt von Achtung füreinander und erfüllt von Zärtlichkeit. Er ist ihre Jugendliebe, und ihre Beziehung war nie von heftiger Leidenschaftlichkeit bestimmt. Was sie bis zu ihrer Affäre auch gar nicht vermisste. Zwar hatten sich hin und wieder sehnsüchtige Zweifel eingeschlichen, wenn sie mal beim Durchblättern einer Illustrierten Sex als das überwältigende Erlebnis beschrieben fand, als den Big Bang. Dann hatte sie sich schon gefragt, ob denn bei ihr alles stimme, wenn sie dieses Feuerwerk, Erdbeben und Sturmflut in einem mit ihrem Mann nicht erlebe. Mehr als eine leise Beunruhigung hatte das jedoch nie bewirkt. Sie war zufrieden.

> In der heimlichen Beziehung zu ihrem Geliebten eröffnete sich ihr schlagartig diese bisher nur erahnte Welt. Sie lebte in einem Rausch köstlichster Intensität, wie das eben so ist, wenn man voll und ganz und mit Haut und Haaren verliebt ist. Alles an ihr war Fließen und Schmelzen. Nur, da war ja auch noch die andere Welt: die Familie, ihr Mann und ihre vier Kinder, alles, was sie in den gemeinsamen Jahren miteinander erarbeitet hatten, nicht nur an Materiellem. Sie erlebte sich hin und her gerissen zwischen wildesten Sehnsüchten und furchtbarsten Schuldgefühlen, schlingerte zwischen Trotz, Angst, Ekstase und Verzweiflung.

Ist eine solche emotionale Achterbahn zu vermeiden? Nein, im Kontext des gängigen romantischen Liebesbildes ist dieser innere Konflikt zwangsläufig. Denn auf dem Verhalten dieser Frau klebt das Etikett „fremdgehen“. Oder noch subtiler ausgedrückt „hintergehen“. Der „Seitensprung“ – was für eine Wortkreation – wird als unanständig und gemein denunziert und mit Sätzen wie „Da kann ja was nicht stimmen in der Paarbeziehung“ stigmatisiert. Wie soll in diesem Weltbild ein Mensch, der eine intensive Erfahrung in der Liebe macht, nur eben nicht mit dem festen Partner, über diese Erfahrung und ihre Gefühlswallungen sprechen können? Im Idealfall sogar mit dem Partner? Wie soll dieser Mensch Sprache finden? Meine Schlussfolgerung:

Sie hat's in sich, die romantische Liebe.

Sie ist mit Vorsicht zu genießen.

Sie ist asozial.

Der Philosoph und promovierte Germanist Richard David Precht brachte diese These in einem Fernseh-Interview[X3] folgendermaßen auf den Punkt:

> *„Die Liebe hat heute in der Gesellschaft einen Stellenwert, den sie nie zuvor – soweit wir das jedenfalls wissen – in der*

Menschheitsgeschichte gehabt hat. Es hat noch nie so viele Liebesserien im Fernsehen gegeben, es wurde noch nie so viel darüber geredet, es war noch nie so ein wahnsinniges Thema. Aber gemeint ist die Liebe zwischen Mann und Frau. Und die Liebe zwischen Mann und Frau heißt per Definition ‚ich und du' und niemand sonst. Romantische Liebe ist exklusiv. Sie schließt die Anderen aus. Das Ideal ist: nur ein Anderer. Und dieses Ideal kriegt schon eine enorme Gefährdung, wenn (…) Kinder kommen. Weil dann sind es nicht mehr die zwei, dann ist es nicht mehr der Kern der romantischen Liebe, sondern dann verlagert die Frau einen großen Teil ihrer Emotionen auf die Kinder, der Mann wird da meistens nicht mit fertig, oder die Frau verhält sich plötzlich ganz anders, ist wie ausgewechselt, und plötzlich geht das alte Konzept der romantischen Liebe nicht mehr auf. Das heißt, je mehr romantische Liebe wir haben, umso schlechter ist es im Regelfall mit der Nächstenliebe und mit der Fürsorge bestellt. Noch nie hat sich eine Gesellschaft so wenig auf die Nächstenliebe und so stark auf die romantische Liebe konzentriert, weil die romantische Liebe bei uns heute an die Stelle der Religion getreten ist. Die romantische Liebe soll meinem Leben Sinn geben. Und nicht mehr die Großfamilie, die Gemeinschaft, die Gesellschaft, sondern die romantische Liebe. Und dadurch hat sie auch was Asoziales. Sie schließt die Anderen aus."

Vom neurotischen Arrangement zur Freiheit

Existenziell bedrohliche Situationen, materielle wie soziale, lassen Menschen leiden. Genau dasselbe geschieht auch häufig im Kontext von Abhängigkeitsbeziehungen zwischen Menschen, die vom Alter her als erwachsen gelten. Unter Abhängigkeitsbeziehungen verstehe ich Verbindungen, in denen die Partner unbewusst voneinander erwarten, dass ihre Bedürfnisse erfüllt, sie von Ängsten befreit und mit Selbstwert ausgestattet werden. Das sind jedoch Erwartungen, die der Andere niemals erfüllen kann. Natürlich haben diese Erwartungen Gründe. Als Kinder erfuhren wir schließlich die Welt im Rahmen von Abhängigkeitsbeziehungen, von Beziehungen, aus denen es keinen Fluchtweg gab. Aus Not und entsprechender Notwendigkeit lernten wir dort, uns selbst und andere zu manipulieren. Als altersmäßig Erwachsene tun wir alles, um nicht von neuem mit diesem vernichtenden Gefühl von Angst und Ausweglosigkeit aus Kindertagen konfrontiert zu werden. Wenn irgend möglich, vermeiden wir das – allerdings um den Preis, dass diese diffuse Furcht zur Grundlage unserer Liebesbeziehungen wird. Die Mechanismen, die wir als Kinder brauchten, um zu überleben, blockieren ein freies Erleben im Erwachsenenalter. Die meist unausgesprochene Forderung an den Partner, dafür zu sorgen, dass es *mir* gut geht, offenbart einen Mangel an Ebenbürtigkeit und Selbstverantwortung. Wir leben dann vertikale, aber keine horizontalen Beziehungen, wie es unter tatsächlich Erwachsenen der Fall wäre.

Eltern-Kind-Beziehungen sind ihrem Wesen nach vertikale Beziehungen. Salopp ausgedrückt haben Eltern die Aufgabe, dafür zu sorgen, dass es ihren Kindern gut geht. Das funktioniert zwar oft nicht, aber an der grundsätzlichen Gültigkeit dieses Anspruchs gibt es nichts zu rütteln. Wie Eltern diese vertikalen Beziehungen im täglichen Miteinander *gestalten*, ist eine andere Frage. Thomas

Gordon beispielsweise hat mit seiner „Familienkonferenz“[2] wegweisende Arbeit geleistet, weil der Ansatz Handwerkszeug für respektvolle Begegnung und Konfliktbearbeitung bereitstellt. Liebesbeziehungen unter Erwachsenen dagegen müssen horizontale Beziehungen sein, wenn sie funktionieren sollen: Beide Partner sind verantwortlich und zuständig für das *gemeinsame* Glück, keiner ist per se verantwortlich oder zuständig für das Glück des Anderen. Solange der gegenteilige Kontext gilt, sind die Partner nicht auf Augenhöhe, gibt es keine erwachsene Liebesbeziehung, sondern nur Re-Inszenierungen der kindlichen Wirklichkeit, garniert mit ein paar Erlösungshoffnungen. Wer sozusagen weiter Kind sein will, muss sich dann auch als Kind behandeln lassen. Das tut aber keinem Erwachsenen gut. Vielmehr führt das Kind-sein-wollen dazu, dass wechselseitiger Groll und Ressentiments entstehen. Es plündert die Beziehung aus, beraubt sie ihrer Kraft, Lebendigkeit und Vollständigkeit. Du brauchst es nicht unbedingt laut zu *sagen*, um dem geliebten Menschen an deiner Seite zu vermitteln: „Ich will dich auf eine ganz bestimmte Art. Wenn du mich wirklich liebst, dann *musst* du so oder so sein. Von ganzem Herzen. Wenn du dich weigerst, tust du mir weh. Aber das willst du ja nicht, wenn du mich wirklich liebst.“

Es geht auch anders.

Du *kannst*, und diesen Ansatz lege ich uns allen sehr ans Herz, eine grundlegend andere Wirklichkeit für dein individuelles und euer gemeinsames Sein erschaffen. Du kannst selbstverantwortlich eine andere Wirklichkeit *wählen*: „Ich liebe *dich und mich*. Ich sorge für mich, es geht mir gut. Mein Glück liegt in meiner Verantwortung, deshalb bin ich glücklich, auch wenn es sich mal nicht gut anfühlt. Und ich habe großes Verlangen, dir ganz zu

[2] deutsche Erstausgabe bei Hoffmann und Campe, 1972, ISBN 3-453-02984-4 (46. Auflage 1989) Thomas Gordon (* 11. März 1918; † 26. August 2002) war Psychologe in den USA und zählt zu den Pionieren der Humanistischen Psychologie

begegnen und dich zu erfahren. Ich liebe *dich und mich.*" Diese Art von Liebesbeziehungen bewegen sich auf einer anderen Ebene als die zwischen Eltern und Kindern. Es sind Beziehungen zwischen Erwachsenen, die den Partner nicht als Kombination von bestimmten Eigenschaften und Verhaltensweisen benötigen, um die eigene seelische Beschaffenheit zu komplettieren oder deren Mangelhaftigkeit zu kompensieren. Es sind Beziehungen zwischen Menschen, die personal nicht aufeinander angewiesen sind. Erwachsene Partner können körperlich und seelisch sehr wohl und sehr gut überleben und weiter wachsen und sich entwickeln, wenn sich Wege getrennt haben oder einer von beiden stirbt. Kinder dagegen brauchen garantierte Kontinuität, sie ist für sie überlebensnotwendig. Da die Beziehung zwischen Eltern und Kindern immer eine Abhängigkeitsbeziehung ist – je jünger die Kinder sind, umso unmündiger sind sie –, entsteht zwangsläufig eine Anpassung des Kindes an das, was die Eltern in *seiner* Vorstellung von ihm erwarten. Die Wurzel dieser Anpassung ist Angst. Deshalb ist dieses Verhalten nie wirklich freiwillig und nie Selbst-Ausdruck. Ein Kind kann sich seine Eltern nicht so zurechtbiegen, wie es sie gerne hätte. Es kann sie auch nicht verlassen und sich andere Eltern suchen. Es ist auf genau *den* Vater und genau *die* Mutter angewiesen, die es hat. Deshalb ist die Liebe zwischen Kindern und Eltern nicht ebenbürtig. Der unbewusste innere Dialog des Kindes könnte in Erwachsenensprache ungefähr so klingen: „Jedes Mal, wenn du mir ärgerlich begegnest, habe ich Angst, dass du mich im Stich lässt. Aber wenn du mich verlässt, sterbe ich. Deshalb bemühe ich mich herauszufinden, was ich tun muss, damit du dich nicht ärgerst. Ich will so sein, wie ich denke, dass du mich haben willst. Alles andere werde ich wegpacken, lieber verkleide ich mich und spiele eine Rolle, wenn sie dir gefällt. Ich riskiere jedoch immer, dass es nicht die Richtige ist. Deshalb sollte ich wirklich so *sein,* wie ich denke, dass du es von mir erwartest."

Hört sich schwierig und kompliziert an?

Zum Verrücktwerden?

Ist es auch!

Aber im existenziellen Kontext eines Kindes ist diese Art der Identitätsdefinition der bestmögliche Überlebensschutz, den es aufbauen kann. Dieses Wesen, das da Platz machen muss für eine den elterlichen Spielregeln gemäße Rolle, will ja leben. Es will spielen, lachen, geliebt werden. Wenn es dauernd oder immer wieder als lästiges Etwas weggeschickt wird, entstehen Wut und Hass. Dann verwandelt es sich von einem Wunder in ein Monster. Psychologen nennen das „Ambivalenz gegenüber den primären Liebesobjekten". Aus dieser wird später die Ambivalenz gegenüber dem Liebespartner. Das ist jedoch nicht die eigentliche Tragödie. Wirklich tragisch ist, dass unser ursprüngliches Wesen mit zunehmendem Alter in Vergessenheit gerät: Wir *wissen* irgendwann nicht mehr, dass das, was da in unserem Leben handelt, fühlt, reagiert, nicht unser echtes Ich ist, sondern eine fest gefügte Rolle, in die wir notgedrungen geschlüpft sind. Diese Rolle wird mit der Zeit zu dem, was man bei Erwachsenen als „Charakter" bezeichnet.

Als autonome Erwachsene können wir in eigener Verantwortung Beziehungen eingehen und wieder beenden. Wir brauchen zwar auch als Erwachsene liebendes Wohlwollen und liebevolle Fürsorge, natürlich. Aber wir sind nicht mehr *existenziell* darauf angewiesen, dies von einem ganz bestimmten und deshalb unersetzbaren Menschen zu bekommen. Die Welt des Kindes in seiner oft verzweifelten Liebe ist davon jedoch grundverschieden. Aber es sieht so aus, als hätten die meisten Menschen das nicht bemerkt! Denn die Norm und vielleicht sogar das Ideal in Partner-Beziehungen ist der Lebenskontext eines kleinen Kindes mit seiner strukturellen Unselbständigkeit und Unfähigkeit, alleine zu überleben. Versehen mit dem Prädikat „Liebesbeziehung".

Es wird Zeit, dass wir damit aufhören!

Auch wenn es nicht die leichteste Übung ist anzuerkennen, dass wir *wirklich* keine kleinen Kinder mehr sind, obwohl es sich in unserer subjektiven Wirklichkeit oft noch genauso anfühlt: Wir sollten erkennen, dass wir heute über viel mehr Möglichkeiten verfügen als damals, als wir Kinder waren. Und wenn wir schon dabei sind, genau und tief in unser Leben und unsere Beziehungen zu schauen und Inventur zu machen, können wir uns auch fragen:

Haben wir uns eingerichtet?

Haben wir es uns bequem gemacht?

Wie und wofür auch immer?

Überprüfen wir doch mal, ob das gefüllte Tagesgeldkonto oder das Ferienhaus im Süden für den Kern unseres Wesens wirkliche Verlockungen sind. Oder ob die vordergründig heile Familie, wenn sie vielleicht nur noch Fassade ist, nur für die heile Welt der Verwandtschaft und der Nachbarn herhält? Es ist herausfordernd, darauf ehrlich zu antworten und *wirklich* die Verantwortung zu übernehmen. Voll und ganz, ohne Wenn und Aber, zu 100 Prozent. Gerade auch für das Unangenehme, was unsere Liebesbeziehungen unweigerlich *in uns* auftauchen lassen. Damit wir uns selbst immer besser kennen lernen und annehmen können. Denn echte Nähe zu unseren Liebespartnern ist nur möglich, wenn wir uns selbst nahe sind. Dann können wir riskieren, dass andere entdecken, wofür wir uns schämen und worüber wir denken, dass es bestimmt Grund genug ist, doch wieder verlassen zu werden.

Wesentlich einfacher als die ungeteilte Verantwortung für unser Glück zu übernehmen ist es, darauf zu beharren, dass unsere Liebespartner uns glücklich machen müssen. Dass sie niemand anderen lieben dürfen außer uns, weil wir schließlich auf ihre liebenden Augen angewiesen sind. Es ist so viel leichter, unzufrieden und unerfüllt zu bleiben und einfach all die Erklärungen, Grollgefühle, das Im-Recht-sein-wollen und das Andere-ins-Unrecht-setzen weiter zu kultivieren. Je weniger wir uns selbst lieben, desto stärker sind wir auf das Geliebtwerden angewiesen. Das Fatale ist: Je stärker dieses Angewiesensein ist, desto geringer ist die Aussicht auf Liebe. Damit wächst die klammernde Sehnsucht nach absoluter, ewig dauernder Liebe, in der sich alles Schlechte auflöst, mehr und mehr.

Wenn wir diese neurotische Sichtweise hinter uns lassen und wirklich *lieben* wollen, können wir nicht mehr zu Beziehungsdefinitionen zurückkehren, die auf irreführenden Maßstäben wie in der romantischen Verliebtheit beruhen. Auch wenn sie als normal gelten. Als Erwachsene ist es unsere unmittelbare und wichtige Aufgabe, dafür zu sorgen, dass unser Leben *gelingt*. Wenn wir das konsequent tun, werden wir uns unserer Verwobenheit in das große Ganze des komplexen Lebens bewusst und leben danach. Wir können dann die unterschiedlichsten Formen von Verbindungen mit anderen Menschen eingehen. Das bedingt Offenheit und neugieriges Sich-umschauen. Häufig jedoch grenzen sich zwei Menschen, die sich endlich gefunden haben, als Paar ab von der Welt, die sie umgibt. In aller Regel geht dies weit über das hinaus, was an Abgrenzung gesund ist und sein muss. Mit negativen Folgen, denn meist führt die Abgrenzung nach außen zu einer entsprechenden Abgrenzung nach innen: Jeder lebt in zunehmend starren Ich-Grenzen, die wirkliche Nähe und Austausch mit dem Liebespartner erschweren. Oder aber es kommt, wie in symbiotischen Beziehungen, zu einer scheinbaren Auflösung der beiden Ichs und einem verschwommenen, unterdrückenden *Wir.* Aber auch dann gibt es keine personale Nähe. Beziehungen, in denen sich Männer und Frauen nicht trauen sie selbst zu sein aus Angst, den anderen zu verletzen oder von ihm verletzt oder verlassen zu werden, sind *Arrangements*. Wir müssen es wagen, aus diesen Arrangements herauszutreten. Aus der Abhängigkeit in die Freiheit. Weil wir heute nicht mehr in der Zwangsjacke starrer Normen und materieller Lebensumstände stecken und weil es eine Beziehungswelt jenseits der Bedürftigkeit gibt, in der jede Sehnsucht legitim ist, jedoch nicht notwendigerweise erfüllt werden muss. Weil sich Sehnsüchte und Wünsche schon im Gespürt-werden bereits angenommen und zu einem gewissen Grad erlöst anfühlen, sind diese Gelüste Optionen und müssen nicht zwanghaft verfolgt und umgesetzt werden.

Romantische Verliebtheit

Sie ist ein allgegenwärtiges Paradigma, die romantische Verliebtheit, für die auf „I love you" so gut wie selbstverständlich „I need you" folgt. Selbst wenn du willst, du kannst dem gängigen Konzept romantischer Verliebtheit nur bedingt entrinnen. Denn du müsstest dich von Illustrierten und Büchern fern halten, dürftest niemals wieder Spielfilme anschauen oder Romane lesen, müsstest dich weitgehend abschotten. Wirkungsvoller lässt du dieses Konzept mit einem neu unterscheidenden Gedanken hinter dir. Es gibt nämlich zwei Arten von Romantik:

Die romantische Verliebtheit und die erwachsene romantische Liebesbeziehung.

Bei der bislang gängigen Variante romantischer Liebe geht es um den Versuch, etwas zu finden, das es für Erwachsene nicht mehr gibt: das dauerhafte Rückgängigmachen des Getrenntseins. Kindheit, das heißt die Zeit zwischen Geburt und Erwachsenwerden, besteht ja darin, dass die Trennung, die mit dem Durchschneiden der Nabelschnur körperlich vollzogen wurde, auch vom Rest der Person nach und nach verwirklicht wird. Nachdem die bis dahin selbstverständliche Zufuhr alles Lebensnotwendigen durch das Kappen der Versorgungsleitung jäh beendet worden ist, macht das Kind innerhalb weniger Jahre die Erfahrung, dass es organisch als getrenntes Wesen überlebensfähig ist.

Auf der emotionalen Ebene verläuft dieser Prozess bei weitem nicht so klar und eindeutig. Auch nicht in einer Kindheit, die wir als liebevoll und behütet empfinden. Denn dafür, dass ein Kind emotional wirklich unabhängig und vollständig werden kann, wäre vermutlich ein Ausmaß bedingungsloser Liebe vonnöten, welches Eltern und andere Bezugspersonen nicht geben können, weil sie ihrerseits bedürftige Wesen sind. Wie können dann aber aus Kindern emotional erwachsene Menschen werden, die um ihr existenzielles Getrenntsein wissen und trotzdem fähig sind, frei Liebende zu sein?

Sofern der Gedanke zutrifft, dass sich ein Kind emotional als nicht überlebensfähig erlebt, weil die dafür notwendige bedingungslose Liebe nicht zur Verfügung steht, ist kindliche Unerfülltheit der Normalfall. Sie führt später zu Sehnsucht nach Erlösung im dauerhaften Verschmelzen mit dem geliebten Partner. Dass diese Sehnsucht nie erfüllt wurde, spiegelt sich in den meisten Liebesbeziehungen zwischen Erwachsenen. Weshalb auch Eifersucht hartnäckig als Zeichen für Liebe gilt. Dabei geht es – genau hingeschaut – bei der Eifersucht letztlich nicht darum, ob die geliebte Person jemand anderen liebt. Die entscheidende Frage ist: Lebt mein Partner einen Lebensentwurf, der meinen gefährdet?

Romantisches Verliebtsein ist die kürzer oder länger dauernde, rauschhaft erlebte Zeitspanne, in der das kleine Kind, das in jedem von uns lebt, selig seufzend das Ende des Schreckens wähnt. Das Furchtbare und Enttäuschende, was es in all den Jahren erlebt hat, war nur ein böser Traum, der endlich zu Ende gegangen ist.

Aaahh …

Wider allen besseren Wissens glauben romantisch Verliebte irgendwie, dass der Partner sich wie durch die Berührung mit dem Stab der guten Fee verwandelt hat – in die vollkommene Mutter, den vollkommenen Vater. Sie hoffen, dass die Zeit der nimmer endenden Seligkeit nun endlich angebrochen ist. Nach einiger Zeit geschieht jedoch das Unvermeidliche: Der Lack ist ab. Die beiden Verliebten merken schmerzhaft, dass der jeweils andere eine Mogelpackung ist, genauso wie man selbst. Dann geht Mensch auf Schuldsuche bei sich oder beim Partner. Oder er landet bei dem unausgegorenen Fazit, dass die ganze Welt und das Leben überhaupt hässlich und ungerecht sind.

Und dann?

Wie verhalten sich Männer und Frauen dann?

Schau dich in deinem Freundes- und Bekanntenkreis um. Vermutlich werden dir einige der folgenden Varianten irgendwie bekannt vorkommen.

- Der Kleinkrieg

Die Enttäuschung endet in schäbigem Kleinkrieg der ehemals Verliebten mit Spielen ersten, zweiten oder dritten Grades. Spiele ersten Grades sind solche, die man in der Öffentlichkeit spielt, Spiele zweiten Grades lassen die Akteure lieber hinter vorgezogenen Gardinen stattfinden, und Spiele dritten Grades enden in der Psychiatrie, im Alkohol, im Knast oder auf dem Friedhof.

- Die „gute Ehe“

Die Partner richten sich irgendwie ein. Sie führen das, was man gemeinhin eine gute Ehe nennt. Ich empfinde diese Wortschöpfung als zynische Beschönigung für ein immer abgeklärteres vermeintliches „Vernünftigwerden“ der Partner. Auch wenn deren Miteinander von simpler Langeweile bis zu friedlichem, mitunter sogar nährendem Beisammensein reichen kann. Die Trauer und der Ärger über das nicht wieder gefundene Paradies bekommen jedoch keinen Platz, und die darin enthaltene Lebensenergie bleibt ungenutzt.

- Enttäuschung? Nein danke!

Für manche geht es darum, schneller zu sein als der Partner, den Auswirkungen seines Handelns zuvorzukommen: Sie beenden Beziehungen, bevor es zur Enttäuschung kommen kann. Diese Spielarten romantischen Verliebtseinwollens und die sich daraus ergebenden Schicksale können wir kindlich-neurotisch nennen. Oder romanzensüchtig.

- Der Nächste bitte!

Aus unerfüllter Sehnsucht geraten viele Menschen in die Sucht des Sehnens. Wie selbstverständlich suchen sie getreu dem Motto „Beim nächsten Mal wird alles anders“ mit immer neuen Partnerinnen und Partnern das eine große Erleben – das romantische Verliebtsein, das die Selbstverantwortung leugnet.

Die Psychologie kennt Phänomene wie Übertragung und Gegenübertragung. Damit ist gemeint, dass ein Mensch einen anderen nur begrenzt als den erlebt, der dieser ist. Vielmehr sieht er oft irgendeine verkleidete frühere Bezugsperson und interagiert in seiner inneren Wirklichkeit mit dieser, ohne sich dessen bewusst zu sein. Er vermischt subjektive biographische Wirklichkeit und objektive aktuelle Wirklichkeit. Da drängt sich die Frage auf: Meinen wir in unseren Liebesbeziehungen eigentlich den Menschen, der uns da gerade als Partner oder Partnerin gegenüber steht? Oder stehen wir in unseren inneren Wirklichkeiten mit früheren Bezugspersonen in Verbindung? Ja, das tun wir. Und zwar umso ausgiebiger, je unerlöster unsere eigene Biographie ist. Und je unerlöster eine Biographie ist, umso unumstößlicher gilt das Paradigma der romantischen Verliebtheit. Diese ist dann nur ein vornehmer Ausdruck für das unbewusste Interagieren mit früheren Bezugspersonen. Ein Synonym.

Wir sind dem natürlich nicht ausgeliefert!

Gehen wir den Weg der erwachsenen romantischen Liebe! Das bedeutet, derartige Verwechslungen erkennen und daraus lernen zu *wollen*, und konfliktreiche Momente und Ereignisse zu nutzen, um Stück für Stück klarer und bewusster zu sehen, mit wem wir uns gerade in Wahrheit beschäftigen und auseinandersetzen. Wir können unsere Emotionen als Hinweisschilder für persönliches und gemeinsames Wachstum nutzen! Gemeint sind *Emotionen* im Unterschied zu *Gefühlen.*

Emotionen sind beispielsweise Groll, Ärger, Eifersucht, Gier, Neid, Beleidigtsein …

Universelle Gefühle sind: Liebe, Angst, Trauer, Wut, Ekel und Überraschung.

Wir können erkennen, wenn die Welt, die wir erleben, nicht die *aktuelle* Welt ist, sondern beispielsweise die Welt unserer Kindheit. Mit allen dort gültigen Gesetzen, Selbstverständlichkeiten und Wertmaßstäben, über die sich das Potemkin'sche Dorf der aktuellen Wirklichkeit gestülpt hat. Die in dieser Täuschung gebundene Energie können wir nutzen, indem wir die Täuschung zum Thema machen. Womit sie Ausgangspunkt für Veränderung und Transformation werden kann.

Wenn wir uns in Liebesbeziehungen gegenseitig lustvoll und ehrfürchtig *ent-täuschen* und uns damit gegenseitig helfen, bewusst zu sein für die jetzige Wirklichkeit, werden wir wahrscheinlich weniger Schmierenstücke in Sachen romantischer Verliebtheit aufführen. Und uns stattdessen im Abenteuer der Gegenwart verführen. Indem wir liebend und klar die sind, die wir *wirklich sind.* Jetzt und jetzt und jetzt.

Liebesbeziehungen statt Bollwerke gegen das Leben

Führen wir eine hilfreiche Unterscheidung ein: Es gibt *sachliche Beziehungen* mit einem klaren Anspruch auf Verbindlichkeit und es gibt *Liebesbeziehungen*[3]. Beides kann natürlich verquickt sein oder parallel bestehen. Bei sachlichen Beziehungen geht es vorrangig darum in Verantwortung, Achtung und Solidarität einen verbindlichen Rahmen zu schaffen, der für ein gemeinsames Projekt oder Interesse oder beispielsweise für gemeinsame Kinder oder gemeinsamen Besitz notwendig ist. Um all die kleinen und großen Fragen des Familienalltags zu regeln, langfristige Pläne abzustimmen, die jeweiligen Rollen auszuhandeln und zu leben etc. Sachliche Beziehungen haben also einen Anspruch auf Verbindlichkeit. Auch Liebesbeziehungen können einen Anspruch auf Verbindlichkeit haben. Jedoch nur in Hinsicht auf die vereinbarte Einlassung, nicht sofort wegzulaufen, wenn es ungemütlich und unangenehm wird:

[3] In seinem Buch „Burnout vorbeugen und heilen" unterscheidet Johann Schneider zwischen Liebesbeziehung und Partnerschaft: „Eine Liebesbeziehung ist die Form der Beziehung, in der wir uns deutlich für den anderen interessieren, ihn mögen, von ihm enttäuscht sind, uns ärgern, mit ihm reden, schmusen, Sexualität erleben. Von Partnerschaft sprechen wir, wenn wir mit einem oder einer anderen gemeinsame Projekte ins Leben rufen (...). Ich unterscheide diese beiden Beziehungsformen, weil sie einer unterschiedlichen Handlungslogik folgen. Wenn Paare beide Handlungslogiken bewusst oder auch unbewusst unterscheiden und sie entsprechend leben, fühlen sie sich als Paar lebendig und erfüllt; wenn sie die Logiken verwechseln, wird es ungemütlich. (...) Auf Dauer ist eine Liebesbeziehung geprägt durch die Handlungslogik der bedingungslosen Hingabe. Bildlich gesprochen ist sie ein Geschenk. (...) Die Partnerschaft hingegen folgt der Logik der Gerechtigkeit, der eines Tauschhandels, eines Tauschgeschäfts, eines Kontos." Der Autor bezieht sich bei dieser Unterscheidung auf einen Aufsatz von Hans Jellouschek, prominenter Transaktionsanalytiker, Eheberater und Bestseller-Autor.[x4]

„Ich will mich einlassen, ich werde beim ersten Streit nicht gleich wegrennen. Versprochen!“.

Erwachsene Liebesbeziehungen *können* keinen Anspruch auf Verbindlichkeit im Sinne von Dauer und Beständigkeit haben. Was aber nicht bedeutet, sich das nicht zu *wünschen* oder genau dafür zu *engagieren*, sich also intentional darauf *auszurichten*. Aber eine Liebesbeziehung, die wirklich eine ist, wird an nichts festhalten und nichts zementieren, was der jeweils aktuellen Wahrheit der Beteiligten widerspricht. Eine von Liebe bestimmte und getragene Verbindung muss nicht zwangsläufig morgen noch so sein wie sie heute ist oder gestern war. Im Gegenteil: Sie *kann* es gar nicht. Und genau darin liegt ihr Potenzial für menschliches Wachstum und ihr ungeheurer Reiz. Was nicht gleichbedeutend ist mit sich-gut-fühlen.

Ein Bekannter ist Arzt in leitender Funktion in einem Krankenhaus althergebrachter Art. Bei einem Treffen erzählte er, dass sich seine Frau, ebenfalls Ärztin, spirituell orientierter Medizin zuwende. Er könne ihre Entwicklung nicht nachvollziehen und habe auch kein Interesse, sich ein Verständnis dafür zu erarbeiten. Er denke aber auch nicht im Traum daran, sie an ihrem Tun zu hindern oder gar dafür ins Unrecht zu setzen. So gut er das könne, fördere er sie auf ihrem Weg. Sehr viel Kreativität und Zeit widme seine Frau diesem neuen Bereich ihres Lebens, erzählte er weiter. Es sei eine Art Liebesbeziehung, und manchmal habe er Eifersuchtsgefühle. Aber schließlich habe keiner von ihnen so zu sein, wie der andere ihn zu brauchen meine, keiner sei der Besitz des anderen. Es sei wichtig für ihn, damit konfrontiert zu werden, dass das, was er für wahr und für richtig halte, es nur deshalb ist, weil er es eben für wahr und für richtig halte. Eine solch offene Haltung sei für ihn nicht immer selbstverständlich und leicht, von unangenehmen Emotionen bleibe er nicht verschont. Aber Emotionen seien nun mal nicht die alleinige Basis für sein Verhalten, erzählte er. Unser Gespräch wurde philosophisch und wir sprachen über eine Welt, in der Menschen im Rahmen ihrer verbindlichen Beziehungen tausend bunte Blumen aufblühen lassen können, vor denen sie ehrfürchtig staunend stehen, an deren Farbe, Duft und Üppigkeit sie sich erfreuen und durch die sie bemerken und gewahr werden können: Wir selbst, jeder und jede von uns, ist eine solch bunte Blume, die immer wieder andere Formen annehmen kann und in sich die Fülle all dessen enthält, was es gibt.

Sind solche gedanklichen Spaziergänge naiv? Selbstvergessene Träume von einer besseren Welt? Vielleicht. Andererseits lässt sich schwerlich leugnen, dass wir heute Lebensbedingungen vorfinden, die die Verwirklichung solcher Träume möglich erscheinen lassen. Aber sie werden geleugnet oder zumindest nicht wahrgenommen. Denn die Neuigkeit, dass *„keiner der Besitz des anderen"* ist, wie mein befreundeter Arzt es ausdrückte, ist bei vielen Paaren noch nicht angekommen. Sie führen Beziehungen, die im Grunde Bollwerke gegen das Leben und die Angst sind, allein zu sein. Gemeint ist nicht physisch allein zu sein, sondern das selbstverantwortliche auf sich selbst gestellt sein in einer verwirrenden Welt mit nichts als den eigenen Wahrnehmungen, Werten, Sichtweisen, Abhängigkeiten, Ängsten vor der Abgründigkeit des Lebens.

Dass dieses Bollwerk eine Illusion ist, die jeden Moment in sich zusammenfallen kann, ist bei nüchternem Hinschauen eine klare Sache. Ein tödlicher Unfall des Lebenspartners zum Beispiel ist immer nur einen Herzschlag entfernt. Sie ist gefährlich, diese Illusion. Weil sie uns hindert, uns der Tatsache zu stellen, dass es letztlich keine Sicherheit gibt und keine Kontrolle über das Leben. Solange wir uns dieser Konfrontation entziehen, können wir nicht erleben, dass wir keine Mangelwesen sind, die zu lebenslänglicher Abhängigkeit verdammt und der Ergänzung bedürftig sind, sondern jeder ein vollständiger Mikrokosmos, der den ganzen Makrokosmos in sich enthält. Erst wenn wir uns dieser Konfrontation stellen, können wir beginnen zu üben, nicht mehr auf die Anderen angewiesen zu sein. Auf jene Anderen, die uns unsere Existenzberechtigung, unser Selbstwertgefühl, unser Geborgensein, unser Glück gewähren oder verweigern können. Im vollen Wissen, dass wir als fühlende, verletzbare Menschen, die sich in ihrem sozialen Raum bewegen, in bestimmtem Maße von diesen Sozialkontakten abhängig sind. Aber:

Wir sind eben nicht von einem bestimmten spezifischen Anderen abhängig.

Natürlich müssen einige Grundvoraussetzungen erfüllt sein, um sich solchen Auseinandersetzungen mit sich und der Welt hingeben zu können: Essen, Kleidung und ein Dach über dem Kopf, eine gewisse soziale Sicherheit und einiges mehr. Für die meisten Menschen im Westen ist das heute trotz aller Krisen so selbstverständlich gegeben wie bisher für keine Generation zuvor. Zumindest noch. Wenn wir also in diesem Buch von „*Liebesbeziehungen*" reden, dann geht es nicht um *Dinge*, die eine materielle Wirklichkeit haben, sondern um emotionale und spirituelle *Grundbedürfnisse*, für deren Erfüllung wir als Erwachsene nicht auf eine bestimmte andere Person angewiesen sind. Das bedeutet keineswegs karge Selbstgenügsamkeit. Im Gegenteil: Je mehr wir um unsere Vollständigkeit wissen und sie leben, umso mehr können wir nährende, ekstatische, ehrfürchtige Beziehungen voller Bewunderung, Dankbarkeit und Demut erschaffen. Nicht nur mit anderen Menschen, sondern mit allem, was uns umgibt und die Fülle des Lebens bedeutet. Wer sich an seine Vollständigkeit im *Jetzt* erinnert, wird zum vertrauensvoll leichtfüßigen, eleganten Tänzer im großen Tanz des Liebes-Lebens, statt sich verkrampft an seine Partner zu klammern und sie ungelenk über die Tanzflache zu schieben, ängstlich darauf bedacht, dass niemand sie einem abspenstig macht, und immer in der Furcht verlassen zu werden. Der Seinszustand der Furcht, verlassen zu werden, ist anscheinend jedoch die Normalität. In den meisten Dauerbeziehungen geht es nicht um Liebe. Es geht um besitzen, verteidigen, kontrollieren, abwehren, etwas bekommen und etwas anderes loswerden wollen.

Ihre Inszenierungen sind höchst unterschiedlich, sie reichen von ästhetisch über langweilig bis grotesk. Die Beziehungspartner landen nach dem Paradiesausflug der Verliebtheit wieder in der Enge trister Abhängigkeit.

Dabei bleibt immer die Hingabe an sich selbst und an das Leben auf der Strecke!

All-Geborgenheit[4] in der Hingabe ist keine neue Vorstellung, sie ist in den Lehren von Mystikern und Weisen aller Zeiten enthalten. Die Zeit scheint gekommen zu sein, dass auch ganz normale Menschen – also du und ich – diese Möglichkeit in ihren Alltag bringen und dort leben können. Behutsam, Schritt für Schritt, dranbleibend. Eine Freundin sagte dazu, sie habe immer geglaubt, das sei nur etwas für Heilige. Dass es etwas mit *ihrem* Leben zu tun haben könnte, sei ihr bisher nicht in den Sinn gekommen. Schauen wir also noch ein bisschen genauer hin: Ja, so war es bisher. Aber:

Überlassen wir dieses Denken der Vergangenheit!

Die Liebe ist wie geschaffen für diese faszinierend fesselnde Herausforderung!

Wagen wir es, uns dem Leben hinzugeben!

4 Im Sinne universeller Verbundenheit oder in der Bedeutung von „gesamt" oder „umfassend" gesichert

Freie Wahl? Denkste!

Vor nicht allzu langer Zeit hatten nur verschwindend wenige Menschen mehr als eine Ahnung von den Wahlmöglichkeiten in der Liebe. Es ging in auf Dauer angelegten Beziehungen auch nicht primär um Liebe, sondern um gesellschaftliche Vorgaben und Rahmenbedingungen, die Status, Nachkommenschaft und materielles Überleben sichern sollten. Ehen waren zweckbestimmte Institutionen zur Erfüllung einer gemeinsamen Aufgabe: das Leben zu erhalten. Es waren oft eingefädelte Verbindungen, die unmittelbar Betroffenen hatten nicht viel dazu zu sagen. Über ihr Geschick entschieden sichtbar, hörbar und fühlbar oft andere Menschen. Seit einigen Jahrzehnten redet uns aber niemand mehr in unsere Entscheidungen, wie und mit wem wir unser Leben verbringen. Sind wir nun unserer Liebe eigener Schmied? Heutzutage kann sich fast jeder ohne größeren Aufwand eine Subkultur suchen, die den jeweiligen Neigungen entgegenkommt. Ob als Heterosexueller, Schwuler, Lesbe, Lederfetischist, Sadomaso oder was auch immer. Alles paletti – alle können nach eigener Fasson glücklich werden?

Freie Wahl? Denkste!

An die Stelle gesellschaftlich bedingter Unfreiheit von anno dazumal ist eine neue Unfreiheit getreten. Sie erscheint uns nicht unbedingt als solche, denn schließlich sind wir frei in der Wahl unserer Liebespartner. Wir *erleben* uns darin als frei und damit auch das Spiel, das wir im Rahmen unserer Liebesbeziehungen spielen. Das *Empfinden*, doch eigentlich frei und selbstbestimmt zu sein, ist der Grund, weshalb wir uns so viele Selbstvorwürfe machen, wenn wir in unseren Beziehungen nicht glücklich sind. Sofern wir nicht einfach anderen die Schuld geben, einem ungemein beliebten Gesellschaftsspiel.

Sind wir wirklich frei? Kaum!

Auch heute sind es in der Regel nicht die *Personen*, die sich die ihnen gemäßen Partner auswählen: Die Entscheidung entsteht im automatischen Zusammenwirken zweier Biographien. Obwohl sich unsere Lebensbedingungen grundlegend von denen unterscheiden, in denen Siegmund Freud seine Theorien und Behandlungsmodelle entwickelte, scheint sich nichts verändert zu haben: Bis heute sind die meisten verbindlichen Langzeitbeziehungen Re-Inszenierungen ödipaler Konstellationen. Das heißt: Wir heiraten nicht wirklich diese Frau oder diesen Mann und in dieser oder diesem das ganze Geheimnis, das uns da gegenübersteht, sondern wir heiraten in dieser Frau unsere Mutter oder in diesem Mann unseren Vater, auch wenn sie oder er anders aussieht und auch sonst auf den ersten Blick relativ wenig mit Mutter oder Vater zu tun zu haben scheint. Wir heiraten unbewusst die *Rolle*, die wir dem anderen zuschreiben, nicht die Person.

In der romantischen Verliebtheit blüht dann die Hoffnung auf, dass sich das, was wir damals in unserer Kindheit an Enttäuschungen erlebt haben, tatsächlich nur als böser Traum herausstellt. Und dass wir in dieser Liebesbeziehung jetzt und hier endlich das Glück finden, nach dem wir uns damals so sehr gesehnt haben. Aber daraus wird nichts! Erstens entwickeln wir mit der Zeit Wesenszüge, die in vielem gleich sind oder genau das Gegenteil von dem, wie sie unser gleichgeschlechtliches Elternteil hatte oder hat. Zweitens trainieren sich beide Partner wechselseitig mit unbewusster Hartnäckigkeit, die Erwachsenenebene, und damit die Gegenwart, mehr und mehr zu verlassen – um „Eltern und Kinder" miteinander zu spielen. Das ist natürlich eine starke Vereinfachung. Auch andere Ebenen sind bedeutsam, zum Beispiel unbewusst übernommene Aufträge der Herkunftsfamilie und die prägenden Erfahrungen mit den Geschwistern. Ebenso mischen sich außerhalb des Individuums angesiedelte Faktoren und gesellschaftliche Bedingungen ein.[5] Das Ganze ist aber – Gott sei Dank – kein starr und fest vorherbestimmtes Schauspiel. Je nachdem, wie schwer die eigene unerlöste Biografie im Zusammenspiel mit der des Partners und den Umgebungsfaktoren ins Gewicht fällt, ergibt sich auf Dauer eine Beziehung, die meist beide Partner als unbefriedigend und enttäuschend erleben müssen. Auch wenn sie sich zu einer gewissen Abgeklärtheit bezüglich der eigenen Ansprüche an das Leben durchgerungen haben. Oder gerade deshalb? Heute sind die Gründe weggefallen, die noch in der Generation unserer Großeltern Scheidungen fast zu einer Unmöglichkeit machten. Gleichzeitig ist die Erfüllung der Glückserwartungen durch den Partner zu einer Art einklagbarem Geburtsrecht erhoben worden. Vor diesem Hintergrund aber sind Menschen verständlicherweise kaum noch bereit, in unglücklichen Konstellationen auszuharren, bis dass der Tod sie scheidet.

Fast jede Trennung beinhaltet die Hoffnung, dass es danach besser wird.

Die Realität sieht anders aus.

Wir wählen beim nächsten Mal entweder wieder denselben Typus Mensch als Liebespartner, auch wenn er oder sie etwas anders gestylt sein mag als das Vorgängermodell. Oder aber wir bevorzugen das Gegenteil davon. Dass Zweit-Ehen im Durchschnitt länger halten und sich als stabiler erweisen als Erst-Ehen, liegt nicht unbedingt daran, dass die Liebespartner darin glücklicher sind, sondern eher daran, dass die Partner ein Stückchen mehr resigniert haben oder mindestens kleinlauter geworden sind. Dies gilt allgemein als der normale Gang der Dinge. Die gesellschaftliche Dynamik hat nun aber auch Mittel und Wege hervorgebracht, mit denen wir unsere biografisch bedingte Automatik in der Partnerwahl durchleuchten können. Wir brauchen sie nicht mehr als schicksal-

[5] Familienaufstellungen oder Familienstrukturaufstellungen können solche Themen sichtbar machen und auch auflösen. Mehr dazu im Anhang.

haft hinzunehmen. Darum drehen sich Psychotherapie und jede Menge anderer Ansätze der Verarbeitung, beispielsweise aus der Humanistischen Psychologie. Das Ziel einer Psychotherapie ist ja explizit das unbewusste passive *Gelebtwerden* durch die eigene Biografie zu beenden und genau das zu überwinden, was Freud einst den Wiederholungszwang nannte, um für Gegenwart und Zukunft frei zu werden.

Allerdings sind viele Beziehungen, sofern der Schein nicht trügt, zu wenig wandelbar, auch wenn beide Partner flexibel sind und an sich gearbeitet haben. Unabhängig von Sehnsucht und gutem Willen beider Liebespartner haben die Beziehungen eine solche Eigendynamik angenommen, dass deren *Transformation* meist nicht gelingt. Bleiben dann nur noch die Alternativen entweder alles beim Alten zu belassen, eventuell leicht modifiziert, oder aber sich zu trennen? Wie auch immer, es bleibt die Möglichkeit, dass wir die Ernte der langen Arbeit an uns selbst einfahren. Ob eine Transformation in einer weiterhin bestehenden Beziehung stattfindet oder ob man diese beenden muss, um eine neue einzugehen: Es sieht so aus, als ob sich zunehmend mehr Menschen eine gewisse Wahlfreiheit im Dickicht ihrer Liebesbeziehungen erschaffen hätten.

Erwachsene romantische Liebe

Es gibt noch ein anderes Land als das der romantischen Verliebtheit mit ihrem ernüchternden, frustrierenden Ende. Dieses Land, ein ganz reales – das Land der erwachsenen romantischen Liebe – ist gar nicht weit weg. Es ist die Heimat von Menschen, die all ihre großen Empfindungen und Gemütsbewegungen der Liebe *ganz* leben, so wie sie in der Romantik eben vorkommen: *intensiv*. Und sie gehen sogar noch darüber hinaus: An die Stelle der zwangsläufigen Enttäuschung setzen sie das reale *Risiko* des jederzeitigen Endes.

Wie bitte? Risiko? Ende?

Die Beziehung kann jederzeit auseinander gehen und die Beteiligten sind nicht zwangsläufig enttäuscht, ernüchtert oder frustriert? Ja. Genauso ist es. Genau das meine ich. Wissend, dass dies ein Koan ist, ein Paradoxon für das gängige Paradigma der Liebe und eine Sisyphusaufgabe für den Verstand, der uns vor Schmerz bewahren und unser Überleben sichern will. Ich behaupte nicht, dass es einfach wäre, sich des gängigen Bildes von der Liebe einfach mal eben so zu entledigen. Es ist nicht mit einem Fingerschnippen getan und – zack! – ist die Welt in ein ganz anderes Licht getaucht. Gemessen an der Verheißung der erwachsenen romantischen Liebe lohnt es aber allemal, sich auf den Weg zu machen für das Gelingen von Liebesbeziehungen zwischen Menschen, die Verantwortung für ihre Emotionen übernehmen, die um ihre Getrenntheit und existenzielle Einsamkeit wissen, sich damit auseinandersetzen und die sich von der Abhängigkeit verabschiedet haben. Was nicht bedeutet nie mehr wieder Angst zu haben, nie mehr eifersüchtig zu sein oder keine schwachen Momente mehr zu haben. Eine Freundin hat poetische Worte gefunden für das, was diese Verheißung ausmacht:

Ich brauche nichts von dir
Und warte nicht auf dich
Bin ganz
Ohne ein Ergänzen
Und in die Fülle
All dessen was ich bin
Kommst du
Bist Wunder an Schenken

Diese Art zu lieben nenne ich die *erwachsene romantische Liebe*. Sie ist ein Spiel in Leichtigkeit, ist absichtsloses Geben und Nehmen und deshalb frei. Ihre Basis ist Selbstreflexion und die Bereitschaft sich mit dem Leben und dem Tod auseinanderzusetzen. Sie muss deshalb nicht von Dauer sein. Sie darf jeden Moment sterben und kann gerade deshalb auch ewig leben – sie ist die Quelle dauerhafter Liebesbeziehungen.

Alles kann sein in ihr, weil nichts sein muss!

In ihr geht es letztlich nicht mehr um eine Liebesbeziehung zwischen zwei Personen. Es geht um eine Liebesbeziehung des Lebens mit sich selbst, die sich in diesem Moment in diesen beiden Personen manifestiert. Die sich in jedem der Beteiligten unabhängig vom anderen offenbart, da beide in einer Liebesbeziehung mit sich selbst stehen und gemeinsam etwas Drittes kreieren. Die erwachsene romantische Liebe kann sich deshalb entfalten, weil die Partner frei und bereit sind, eine Liebesbeziehung mit sich alleine weiterzuführen, sollte ihre gemeinsame Liebe zu Ende gehen. Sie sind frei sich von einer neuen Liebe mit einem anderen Menschen beschenken zu lassen oder in eine der unendlich vielen anderen Formen der Liebesbeziehungen des Lebens mit sich selbst hineinzutauchen

TEIL II – Erstrebenswertes

Auf der Suche nach dem Glück

Seltsam, da rennen wir und rennen wir und versuchen verzweifelt anzukommen. Weder finden wir mehr als einzelne Inselchen von Intensität, Glück und Daseinserfüllung, noch finden wir uns selbst oder den inneren Frieden. Wir rennen deshalb noch schneller, um noch mehr ausprobieren zu können, immer wieder in der neuen Hoffnung es vielleicht dieses Mal doch noch aufzuspüren. Aber eigentlich war uns schon vor dem Ausprobieren klar, dass wir es auch dieses Mal nicht finden werden. Logisch! Und nichts großartig Neues. Wir suchen am falschen Platz. Wie der Mann in jener alten Geschichte, der an einem dunklen, kalten und nassen Novemberabend im Schein einer Straßenlaterne vergebens seinen verlorenen Hausschlüssel sucht. Ein zufällig vorbeikommender Mensch hilft ihm engagiert, sie erkunden jeden Fleck im Bereich des Lichtscheins, und das mehrmals. Irgendwann hat der Helfer genug und fragt: „Bist du sicher, dass du ihn *hier* verloren hast?" „Nein", erwidert der Mann, „*hier* habe ich ihn *nicht* verloren. Ich habe ihn dort drüben unter den Bäumen verloren, aber hier ist es heller."

Uns Liebenden geht es im Wollen sehr ähnlich. Wenn es um das geht, was viele von uns als das Wichtigste im menschlichen Leben empfinden, und um das, wonach wir uns alle sehnen, dann suchen wir chronisch am falschen Platz: nämlich *außerhalb von uns*. Offensichtlich ist es dort heller, das Suchen ist einfacher und weniger anstrengend, weniger konfrontierend. So lässt sich's leichter bleiben wie man ist. Wer erwachsen sein oder werden will, auch und gerade in der Liebe, muss hinschauen und prüfen, wie groß die Kluft zwischen zwanghaftem Jagen nach Erfüllung und der fehlenden Bereitschaft ist, selbst dafür zuständig zu sein. Das gilt zwar neben der Liebe auch für alle anderen Lebensbereiche, aber eben doch in erster Linie für Liebesbeziehungen. Denn dort wird diese Kluft besonders deutlich. Denn ein Partner *muss* so sein wie der andere ihn zu brauchen glaubt, um glücklich sein zu können.

Der andere beansprucht das Gleiche. Über dieses Ping Pong geht das Leben schließlich an beiden vorbei, beide sind frustriert und machen sich gegenseitig Vorwürfe.

Okay soweit. Jetzt müssen wir also nur am richtigen Ort suchen? Dort, wo wir den Schlüssel verloren haben? Mag sein. Vielleicht ist alles aber auch ganz anders? Fassen wir doch einfach mal hinein in unsere Hosen-, Hand- oder Manteltaschen. Möglicherweise stellen wir dann fest, dass wir ihn gar nicht verloren haben. Dass wir uns nur getäuscht und in Wirklichkeit gar nichts verloren haben, was wir irgendwo und irgendwie finden müssten?

Könnte ja auch sein, dass es immer bei uns war.
Und noch immer da ist.
Das Glück.

Gehen wir doch einfach mal davon aus, dass es genau so *ist*! Leben wir danach und schauen, was in unseren Beziehungen wirklich geschieht. Wir müssen unser Glück in die eigenen Hände nehmen. Wir dürfen uns – im positiven Sinne des Wortes – das Leben nehmen. Wie das gehen könnte, soll das zentrale Thema der nächsten Seiten sein.

Wie bitte? In Liebesdingen erwachsen sein?

Werden wir ganz konkret: Definieren wir einmal, was das bedeuten könnte, in Liebesdingen erwachsen zu sein oder zu werden. Hier kommt eine Liste von Vorschlägen dazu. Einige davon hast du vielleicht schon in dein Leben integriert. Andere Aspekte bearbeitest du womöglich gerade ganz aktuell. Wieder andere sind noch deine Zukunft:

- Du übernimmst die volle Verantwortung für dich und dein Leben. Und damit für die Liebe, die darin fließen kann. Du erkennst an, dass sich dein Sein, dein Tun und dein Lassen mittel- und unmittelbar in der Welt auswirken.

- Du verzichtest endgültig und bedingungslos auf die Illusion, eine bessere Vergangenheit haben zu wollen. Sie ist genau so, wie sie war, und nicht anders. Auch wenn du dieses und jenes noch so gerne anders gehabt hättest. Und möglicherweise davon ausgehst, darauf ein Recht zu haben. Schau nach draußen: Wenn es gerade regnet, regnet es, so ist es dann, und nicht anders.

- Selbsterfahrung und Selbstreflexion sind ein selbstverständlicher Teil deines Lebens. Da dir deine eigene Begrenztheit klar ist, *arbeitest* du an deinen Mustern und Macken, du *willst* dich entfalten und deine Persönlichkeit und Liebesfähigkeit *wachsen* lassen.

- Du hast mit deinen Eltern aufgeräumt, du bist klar mit ihnen in dem Sinne, dass du keine Rechnung mehr mit ihnen offen hast und du dein Leben als Erwachsener selbst verantwortest. Das ist etwas anderes, als sich nicht mehr zu streiten mit seinen Eltern oder keine Auseinandersetzungen mehr mit ihnen zu führen. Es bedeutet viel mehr: sie wirklich aus ihrer Zuständigkeit als physische, mentale und emotionale Versorger entlassen zu haben, weder Groll noch Erwartungen zu hegen und ihnen stattdessen auf Augenhöhe zu begegnen. Wahrscheinlich ist dies die wichtigste Voraussetzung für das Erwachsenwerden in Liebesdingen, weil im anderen Fall die Gefahr zu groß ist, deine Liebespartner in Situationen, in denen es hoch her geht, doch wieder mit Vater oder Mutter zu verwechseln. Und sie büßen zu lassen.

- Alleine zu sein erschreckt dich nicht. Mit dir alleine zu sein gehört zu deinem Leben wie Atmen, Essen, Trinken und Schlafen. Du schaffst, hütest und pflegst dafür einen persönlichen Bereich – ein Zimmer, eine Ecke in einem Zimmer, einen Garten, eine Gartenlaube ... dein eigenes Reich, in dem du gerne alleine bist und wohin du Liebespartner gerne einlädst.

- Dass dein Körper eines Tages sterben wird, ist eine Tatsache, der du dich stellst, indem du deine Gedanken, Emotionen und Gefühle dazu erforschst und spürst. Alleine und gemeinsam mit anderen. Dir ist klar, dass du die Erfahrung des Todes alleine machen wirst und bereitest dich behutsam darauf vor.

- Momente oder Phasen, in denen du dich emotional, mental oder körperlich bedürftig fühlst, erkennst, fühlst und benennst du und holst dir gegebenenfalls dafür Hilfe und Unterstützung. Nicht nur von deinem Liebespartner, sondern auch von Freunden und von professioneller Seite, beispielsweise Psychotherapeuten, Fachberatern oder Coachs.

- Du rechnest damit, dass du immer wieder mental einschläfst und vergisst, was dir wichtig ist. Deshalb baust du dir ein Netzwerk von Menschen auf, das sich auf der gemeinsamen Vereinbarung begründet, sich gegenseitig in Freiheit und Empathie an die eigenen Vorhaben zu erinnern.

- Du bist bereit mit Eifersucht umgehen zu lernen. Das bedeutet *nicht* sie zu leugnen oder zu verdrängen. Es bedeutet, dass du nicht zwanghaft in den Kampf ziehst, wenn dein

Liebespartner sich anders verhält, als du es gutheißt, sondern die Verantwortung übernimmst für die *in dir* entstehenden Gedanken und Emotionen. Du bist bereit Eifersuchtsgefühle in einer dir und deinem Liebespartner entsprechenden Art zu bearbeiten[6].

- Du hast verinnerlicht, dass deine heutigen Lebensbedingungen eines Erwachsenen andere sind als damals, als du ein kleines Kind warst. Daher hast du das Bild der Welt verabschiedet, das du dir damals gemacht hast. Oder verabschiedest es immer wieder aufs Neue.
- Du weißt, dass eine bestimmte Person besonders stark Liebe in dir auslösen kann, dass die Quelle von Liebe aber immer du selbst bist. Dir bleibt bewusst, dass du nicht auf eine bestimmte Person angewiesen bist, damit du lieben kannst. Wie du dafür sorgst, gestaltest du nach deinen Vorlieben und deiner Lebenssituation.
- Du übst dich darin zu erkennen, welcher Seelenanteil in welchen Situationen agiert oder reagiert, welche Aspekte deines Wesens auf deiner Lebensbühne gerade die Hauptrolle spielen und dich möglicherweise von der Liebe abhalten[7].
- Du hast anerkannt, dass du den lieben langen Tag nichts anderes tust, als dir Bedürfnisse zu erfüllen. Von elementaren physischen bis hin zu spirituellen. Du übst für diese Bedürfnisse wach zu sein, sowohl bei dir selbst wie auch bei anderen. Das kann dir helfen in der Liebe zu bleiben, auch wenn es emotional

6 Der Paartherapeut Ulrich Clement hat diesem Thema in seinem Buch „Wenn Liebe fremdgeht" ein lesenswertes Kapitel gewidmet.[X5]

7 Ein hilfreiches Modell dafür ist das „Innere Team", das der Kommunikationspsychologe Friedemann Schulz von Thun entwickelt hat.[X6]

brenzlig wird. Du übst dich darin, das *Was du willst* abzugrenzen von dem *Wie du es bekommst*, d.h. das Bedürfnis davon zu unterscheiden, wie du es dir erfüllst[8].

- Dir ist klar, dass Erwachsensein in der Liebe nicht gleichzusetzen ist mit Nüchternheit oder Distanziertheit im Umgang mit Emotionen. Nein, du weißt, dass du auch als erwachsen Liebender mal himmelhoch jauchzend und mal zu Tode betrübt sein kannst. Emotionale Achterbahnfahrten schrecken dich nicht, sie sind für dich mögliche Konsequenzen des Spiels, die du als Forschungs-Phänomene verstehst und nutzt. Du haust deinem Partner nicht alles ungefiltert um die Ohren, was dir gerade an Gedanken und Emotionen durch Kopf und Körper jagt. Du bist in der Lage, ein dir, deinem Liebespartner und der Situation angemessenes Verhalten zu wählen.

- Du hast ein Selbstversprechen, ein Commitment[9] für die Liebe abgegeben: Sie ist eines der zentralen Themen in deinem Leben. Du nimmst die Liebe in den Fokus, du schenkst ihr Zeit und Aufmerksamkeit, du eignest dir Wissen darüber an und übst dich praktisch darin.

- Eine Paar-Beziehung ist für dich *ein* möglicher Kontext für die liebende Begegnung, ein Kontext für dein Commitment, beispielsweise dem Partner so oft und so intensiv wie möglich liebend zu begegnen. Wobei du berücksichtigst, dass Beziehung nicht gleich Liebe ist. Diese Unterscheidung hältst du in dir wach.

[8] Die Gewaltfreie Kommunikation nach Marshall B. Rosenberg hilft, zwischen „Bedürfnissen" und „Strategien" unterscheiden zu lernen. Das kann zu erschütternden Einsichten führen. Denn manche unserer Strategien nähren unsere Bedürfnisse ganz und gar nicht, möglicherweise schon seit langem, verursachen unter Umständen sogar das Gegenteil.[X7]

[9] Kapitel „Commitment" in Teil III

- In deinen Liebesbeziehungen sorgst du dafür, dass so viel Liebe wie möglich geschehen kann. Du überlässt es nicht dem Zufall, ob das geschieht oder nicht, sondern schaffst immer wieder Gelegenheiten dafür. Auch dann, wenn du dafür mal über deinen Schatten springen musst.

- Du bist offen und bewusst bereit, zusammen mit deinem/n Liebes-Partner/Partnern hinzuschauen, was eure Verbindung ausmacht, was ihr miteinander habt und was nicht. Du erkennst an, was ist und was nicht ist. Du teilst mit, was du dir wünschst.

- Du bist bereit, immer wieder neu auf deine Beziehungen zu blicken, und wenn nötig, für Geh-Hilfen zu sorgen. Das heißt Vereinbarungen zu treffen, die einem bestimmten Sachverhalt für eine bestimmte Zeit einen bestimmten Rahmen geben. Mit der Intention, diese Geh-Hilfen wieder wegzulassen, wenn ihr Zweck erfüllt ist.

Wenn du dich intensiv mit einem oder zwei der hier aufgezählten Themen beschäftigst, intellektuell und emotional, und vielleicht noch das Glück hast, dies gemeinsam mit Geliebten zu tun, dann schaffst du ungemein wertvolle Zeiten. Es sind Momente von jener Qualität, die dir Ausrichtung geben können, Sinn, Lebensfreude und innigen Kontakt. Um es ganz deutlich zu sagen: Dabei geht es nicht um etwas Übermenschliches! Wir müssen das nicht alles komplett verwirklicht und vollständig integriert haben, um erwachsen lieben zu können. Es geht also nicht schon wieder um eine zu erbringende Leistung! Aber auf dem Weg zu sein, dranzubleiben an diesen Themen und im Austausch darüber, als ganz normale Menschen mit all unseren Schwächen und Stärken, das halte ich für entscheidend. Wenn wir lieber gemütlich – oder sagen wir träge – auf dem Sofa sitzen bleiben, in der Komfortzone verharren, bleiben wir in der romantischen Verliebtheit stecken. Wenn wir dagegen mutig die Fühler aus dieser Zone herausstrecken, eröffnen wir uns eine kompetentere Art wirklich romantisch zu lieben. Mit Langmut, einem Selbstversprechen, einem klaren Commitment füreinander und für die Liebe selbst. Nutzen wir das, was Eckhart Tolle[x8] beeindruckend auf den Punkt gebracht hat:

> *„Noch nie zuvor sind Beziehungen so problematisch und konfliktgeladen gewesen wie jetzt. Du hast sicher schon bemerkt, dass sie nicht dazu da sind, dich glücklich oder erfüllt zu machen. Wenn du versuchst, durch eine Beziehung Erlösung zu finden, dann wirst du wieder und wieder enttäuscht werden. Wenn du aber akzeptierst, dass Beziehungen da sind, um dich bewusst zu machen statt glücklich, dann wird deine Beziehung dir Erlösung bieten und du wirst mit dem höheren Bewusstsein in Einklang kommen, das in diese Welt geboren werden möchte."*

Was für eine Perspektive!

„Ich liebe dich gerade“

Wie können wir dem Gedanken von Eckhart Tolle, dass Beziehungen dazu da sind uns bewusst zu machen und nicht glücklich – wie können wir diesem Gedanken Ausdruck verleihen? Wie können wir ihn manifestieren und in die Welt bringen?

Wie genau machen wir das?

Wir können das, was wir sagen, in unserem Sprechen konsequent auf den gegenwärtigen Augenblick begrenzen als etwas, das nur für den jetzigen Augenblick gültig ist. Wir können deutlich sagen, dass eine Aussage für *jetzt* oder für *diesen* Moment gilt. Denk daran: Beim nächsten Wimpernschlag ist *dieser* Augenblick bereits Geschichte und alles kann schon wieder anders sein. Was bei Licht betrachtet, also objektiv gesehen, natürlich auch genau so ist, wir wollen es nur allzu oft nicht wahrhaben. Und je süßer das Gesagte klingt, umso immerwährender soll es doch bitteschön sein. Wie beispielsweise:

„Ich liebe dich.“
Drei wunderbare Worte.
Wie sehnen wir uns danach sie zu hören.
Und damit wirklich gemeint zu sein!

Ich habe sie in den ersten 30 Jahren meines Liebeslebens nicht sehr häufig gesagt, diese drei magischen Worte, obwohl mir viel häufiger danach gewesen wäre. Aber die Furcht ein verheißungsvolles Versprechen zu machen, ein Ewigkeitsversprechen, das ich höchstwahrscheinlich nicht werde einhalten können, hat mich oft verstummen lassen. „Ich liebe dich“ – dieser Satz hatte in meinem Empfinden eine Schwingung von „immer und ewig“ und „ein Leben lang“. Was unmittelbar „ich werde mich um dich kümmern“ beinhaltete und „dann bin ich zuständig“. Der Satz „Ich liebe dich.“ transportiert wesentlich mehr als eine momentane Gefühlsbekundung. „Das ist ein ganz ganz komplexes

Versprechen“, charakterisierte es der Philosoph Richard David Precht in einem Fernseh-Interview[x3] im Oktober 2010. Das romantische Liebesbild und die romantische Verliebtheit lassen grüßen … Dabei könnten wir viel öfter in den ersehnten Genuss dieser Worte kommen, indem wir auch in Liebesdingen deutlich sagen, dass es um *jetzt gerade* geht:

„Ich liebe dich gerade.“

Was war das für eine Befreiung für mich, als ich das zum ersten Mal zu einer Frau sagte. Es zu wagen, mein Liebesgefühl auszudrücken und mich in meinem Sprechen tatsächlich nur auf den jetzigen Moment zu beziehen – es gab kein Vorher und kein Nachher, kein Gestern und kein Morgen, und ein Übermorgen schon gar nicht. Es eröffnete mir ungeahnte Möglichkeiten mich einzulassen, zu fühlen und authentisch zu sein. Dieser kleine Zusatz *„gerade“* – „ich liebe dich *gerade*“ zu sagen –, hat mir enorm geholfen, präsent zu bleiben, mich stärker auf den Moment zu fokussieren, als mir bis dahin bekannt war, und die Dinge fließen zu lassen.

Das war Freiheit.
Und voller Kontakt.

TEIL III – Wissens- und Bedenkenswertes

Unterschiedliche Sichtweisen schaffen unterschiedliche Welten

„In Wirklichkeit ist die Realität ganz anders." Typographisch hübsch gemacht, zierte diese Weisheit eine Postkarte, mit der mich ein Freund von unterwegs grüßte. Der Satz spielt rhetorisch mit Überlegungen und Erkenntnissen des systemischen Denkens – und ist in seiner Bedeutung für gelingende Beziehungen gar nicht hoch genug einzuschätzen. Nach dem konstruktivistischen Denkmodell dürfen wir uns von der Vorstellung verabschieden, es gebe eine absolute Wahrheit und eine empirische Objektivität, weil der Beobachter nicht als unabhängig von der Erkenntnis angesehen werden kann. Und dass wir die Wirklichkeit nicht als *die eine Wirklichkeit* erkennen können, sondern immer nur *unser Bild* davon. *Unsere* Wirklichkeit ist ein von uns selbst *erschaffenes* Produkt, sie ist eine Konstruktion, die aus unseren ganz individuellen Bedingungen des Erkennens resultiert. Es geht also um *deine* Wirklichkeit, um *deinen* Eindruck oder um *deinen* Traum von der Welt. Wie alle anderen hast du die Freiheit, deine Sichtweisen auf unterschiedlichste Interpretationen zu gründen. Jede dieser Interpretationen stellt auf deinem Weg in die Zukunft bestimmte Weichen, ermöglicht dir an manchen Punkten eine Beschleunigung, lässt dich auf anderen Abschnitten ins Stocken kommen, lässt dich Ereignisse so oder so bewerten, sodass sie dir in unterschiedlichen Sinnzusammenhängen erscheinen. Wir können lernen hinzuschauen, *was genau was* bewirkt, und mit der *Wahl* unserer Interpretationen eine gewisse Freiheit erlangen.

Wenn wir bewusst eine bestimmte Weltsicht wählen:
… dann wählen wir bewusst eine bestimmte Welt!
… und wir haben Einfluss auf das, was sein wird!
Wir sind immer Täter, nicht Opfer!

Wenn wir den Kontext unserer Wahrnehmungen verändern, dann verändern wir unsere Kommunikation mit der Welt und damit unsere Identität. Unser Bewusstsein erschafft unser Sein. Das anzuerkennen und konstruktiv zu leben ist nur möglich, wenn man die Opfer-Identität gegen eine Transformations-Identität eingetauscht hat. Das Leben ist, wie es ist. Lass dich von seiner Größe und seinen Möglichkeiten ergreifen im Rahmen *deines* Bildes von Wirklichkeit und *deiner* Vision davon. Das schenkt dir Freiraum, in dem du dein Leben wie ein Künstler *gestalten* kannst. Du kannst deinen individuellen Traum als einen Knotenpunkt im gewaltigen Netz aller Menschheitsvisionen träumen. Auf die Vielfalt der Formen, die das Leben annimmt, ist dein Einfluss gering. Du kannst aber *wählen*, welche Interpretationen aus der unendlichen Vielfalt von Möglichkeiten du für dich persönlich wirksam werden lassen willst. Darauf hast du den größtmöglichen Einfluss. Nicht nur für dich selbst in *deiner* Wirklichkeit, sondern auch für andere. Du bist also immer Täter, Bewirkender, Gestaltender, und niemals das Opfer, außer im Hinblick darauf, dass du das Leben nicht beherrschen kannst. Es ist ein prickelndes Übungsfeld, diese wichtige Unterscheidung wach zu halten und in eine innere Haltung umzuwandeln. Sie eröffnet die Möglichkeiten für bewusst gestaltete Liebes-Beziehungen jenseits davon, einander nötig zu haben, weil wir als Erwachsene in unserem So-Sein des Augenblicks ausreichend Platz haben.

Verminderte Zurechnungsfähigkeit?

Immer wieder erlebe ich, wie in den Augen von Menschen ein gewisses Leuchten entsteht, wenn sich ein tieferes Gespräch über die erwachsene romantische Liebe im Unterschied zur romantischen Verliebtheit entwickelt. Mitunter ermattet dieses Leuchten aber auch schnell wieder und ich ernte Sätze wie: „Ach, das ist ja alles schön und gut. Und bestimmt ist es richtig, aber du bist einfach zu idealistisch. Wer schafft es schon damit Ernst zu machen? Wir sind doch schließlich nur gewöhnliche Menschen." Ja, das stimmt. Und nein, das stimmt nicht. Weil es natürlich davon abhängt, womit wir uns zufrieden geben im Leben, wie hoch wir die Latte unseres Wollens hängen. Beziehungsweise wann jener Zeitpunkt gekommen ist, den Paolo Coelho den „Resignationspunkt"[x9] nennt, jenen Moment, wenn aus einem „Ja, ich will und ich werde" ein „Es hat ja doch keinen Sinn" wird, wir uns mit etwas abfinden und uns in unser Schicksal ergeben.

Es hat Sinn, und zwar genau so lange, wie wir den Dingen Sinn verleihen und ihnen Bedeutung geben.

Ob Religion, Philosophie oder Poesie, in Selbsterfahrungsgruppen und esoterischen Zirkeln: Überall können wir folgenlos erhebende, aber für uns unverwirklichte Wahrheiten, tiefe Weisheiten und theoretische Erkenntnisse über die echte Liebe und die wahre Natur des Menschen *konsumieren*. Und träumend bemerken, dass da unser innerstes Wesen angesprochen wird. Gleichzeitig lassen wir allzu häufig in unserem Liebesalltag zu, dass davon nach der Gnade der ersten Verliebtheit nur noch Reste übrig bleiben, oft kümmerliche Reste. Weil sich mit der Zeit unsere reaktiven Gefühle und Impulse breitmachen. Welches Paar setzt sich schon zum Ziel, das *persönliche* und *gemeinsame* Potenzial an Liebe, menschlicher Schönheit und Größe bewusst zum Wachsen zu bringen? Im Verlauf einer Liebesbeziehung definiert zwar ausnahmslos jedes Paar, wie die Partner miteinander umgehen wollen, den Rahmen dafür aber liefert ein implizit oder explizit ausgehandeltes System von Regeln. Das betrifft meist nur die soziale Oberfläche. Wenn es ums Eingemachte geht, um emotionale und sexuelle Bedürftigkeit, um wechselseitige Abhängigkeit, da gibt es selten ausgesprochene Vereinbarungen. Weder unter Liebespartnern noch im Einzelnen für sich selbst. Wenn es emotional ernst wird, lassen wir uns gerne von der Leine, hauen Frust, Ärger und Enttäuschung einfach raus. Im Nu ist vergessen, was wir uns vielleicht einmal vorgenommen hatten. Wir überlassen uns – wie selbstverständlich – der Automatik der uns überflutenden Empfindungen. Dann knallen wir insbesondere unseren Liebespartnern an den Kopf, was eben gerade so in uns aufwallt: Wut, Enttäuschung, Eifersucht, Verbitterung, Resignation, weil das Leben verdammt noch mal nicht so sein will, wie wir es haben wollen. Und dann sind wir meist befremdet, reiben uns erstaunt die Augen darüber, dass das Wunder der anfänglichen Liebe immer schemenhafter wird und wir in der Routine des Beziehungsalltags untergehen. Aber: Warum sollten denn Liebespartner es nicht lernen können, mit ihrer emotionalen und sexuellen Bedürftigkeit und den Zwängen ihrer Biografie umzugehen?

Doch – wir können es lernen!

Auf eine erwachsene Art, die die Würde und Freiheit des anderen ehrt und achtet, statt sich gegenseitig suggestiv und manipulativ zu Werkzeugen der jeweiligen Strategien ihrer Lebensbewältigung zu degradieren. Warum sollten wir nicht lernen können, uns gegenseitig die Freiheit und die Verantwortung dafür zu überlassen, wie wir mit *offenbarter* Bedürftigkeit umgehen können und wollen? Wieso sollte uns nicht klar werden können, dass unsere Partner nicht auf der Welt sind, um sich um unsere Ängste und Bedürfnisse zu kümmern, jedenfalls dann nicht, wenn dies nicht genau das ist, was sie selbst auch wollen? Warum sollten wir nicht wach werden können und ein Gespür dafür entwickeln, in welchem Maße wir Gewalt ausüben, wenn wir dem Partner unsere

Befindlichkeiten um die Ohren hauen, an dessen Verhalten herumnörgeln und ihn subtil bestrafen, wenn er nicht will, was wir wollen? Ist das ein Hirngespinst? Nein, das ist es nicht. Von Schlägern und Missbrauchern erwarten wir, dass sie sich nicht gehen lassen, dass sie niemanden beeinträchtigen mit dem, was sie umtreibt. Das ist eine Erwartung an Menschen, deren asoziale Einstellungen und Impulse oft viel tiefer verankert sind und viel intensiver auf ein Ausgelebtwerden drängen als bei denen, die als „normal" gelten. Wenn Triebtäter es dennoch tun, bestrafen wir sie. Oder wir verwahren sie in der Psychiatrie, wenn wir ihnen als Kranke verminderte Zurechnungsfähigkeit zugestehen und sie deshalb als nicht verantwortlich für ihr Verhalten betrachten. Achtung, bitte anschnallen: Wir verhalten uns oft in unseren Liebesbeziehungen ähnlich wie Triebtäter, die sich zwanghaft ausleben, und zwar jedes Mal, wenn wir unserem Partner in irgendeiner Weise Schuld zuschieben, bewusst oder unbewusst. Die Schuld daran, wie es uns gerade geht, wie wir gerade empfinden, wie wir uns vermeintlich verhalten müssen. Schuldzuweisungen müssen wir nicht unbedingt laut aussprechen. Es ist leicht dem anderen mit Gestik und Mimik zu vermitteln:

„Weil DU nicht …, bin ich …,
weil DU nicht …, geht es mir ..!"

„ICH kann nichts für …,
ICH bin nicht verantwortlich für ..!"

Der andere ist es, der sich weigert, uns das zu geben, was wir brauchen? Jedes Mal, wenn das passiert, erklären wir uns selbst für vermindert zurechnungsfähig. Sich zwanghaft ausleben zu müssen, nämlich ausgerechnet dort, wo unser Lebensglück und unsere Erfüllung am intimsten aufgehoben sind – der ganz normale Wahnsinn? Wenn wir dafür nicht wach sind, entziehen wir uns der Selbstverantwortung, wir schieben *unsere* Verantwortung dem *anderen* zu. Und machen uns so zu Opfern und den anderen zum Täter. Wir leben oft Beziehungen, in denen letztlich keiner wirklich verantwortlich sein will für Glück und Unglück.

Schlechte Aussichten?

Liebe mit beschränkter Haftung?

Wer das nicht will und etwas verändern möchte, kann sich auf vielerlei Art Handwerkszeug beschaffen. Einige wertvolle Hinweise findest du im Anhang dazu. Beispielsweise könntest du eine Deklaration[10] in Sachen Verantwortlichkeit formulieren. Das könnte so klingen: *„Mir geht es darum, bedingungslos Verantwortung zu übernehmen für das, was in meinem Leben passiert. Ich werde lernen und üben, den abstrakten Begriff Verantwortung mit Leben zu füllen."* Deklarationen sind keine netten Absichtserklärungen, die man nebenbei hinpinselt und dann als Affirmation in einem hübschen Rahmen neben dem Fernseher an die Wand hängt. Ernst gemeinte Deklarationen sind kraftvolle, verbindliche Erklärungen, gegründet auf der Würde des menschlichen Geistes. Wirklich die Verantwortung zu übernehmen bedeutet nicht, den innersten Kern, das Selbst zu verändern. Das geht gar nicht. Insofern wirst du immer *du* bleiben und nie ein anderer sein. Worum es geht, ist zu lernen, die Verantwortung für das eigene *Verhalten* zu übernehmen und dieses zu ändern, wenn es notwendig wird. Wenn die *Rollen,* die du spielst, negative Auswirkungen für andere und dich selbst haben, weil sie beeinträchtigen, belasten, aufreiben, vereinsamen, verletzen, übergriffig sind oder was auch immer. Zu bestimmten Rollen gehören bestimmte Emotionen. Von daher können wir unsere Emotionen wie Hinweistafeln nutzen, die jeweiligen Rollen zu erkennen, in die wir gerade geschlüpft sind. Auf genau dieser Einsicht beruht systemisches Vorgehen: Nicht Menschen müssen sich ändern, sondern Menschen müssen ihr Verhalten, ihre Rollen ändern. Noch besser: ihre inneren

[10] Kapitel „Vereinbarungen und Deklarationen" in Teil III

Haltungen, ihre aufgrund gemachter Erfahrungen *erworbenen* Haltungen, wie Professor Gerald Hüther in einem Vortrag beim „Hauptstadtkongress Medizin und Gesundheit" 2011 betonte. Dieses Experiment gemeinsam mit anderen zu machen, fällt erfahrungsgemäß leichter als es allein zu versuchen. Je klarer ein Übungsfeld genau dafür kreiert ist, umso besser. Gerald Hüther: „Das ist die hohe Kunst: Bedingungen zu schaffen, in denen sich das Wünschenswerte ereignen kann."

Eine gute Nachricht!
Du kannst dich unterstützen lassen!

Du kannst es lernen, eine andere, eine neue Haltung und Rolle zu entwickeln und zu spielen. In einer Liebesbeziehung können die Haltungen und Rollen der Partner besonders dann mit einiger Verlässlichkeit und nicht unnötig hohem Energieaufwand verändert werden, wenn ein gemeinsames Beziehungsziel existiert oder formuliert wird mit einem klar erteilten Auftrag, sich gegenseitig immer wieder daran zu *erinnern*. Das erfordert wach zu bleiben, sein eigenes Denken und Verhalten aufmerksam zu beobachten.

Erinnert Euch gegenseitig!

Das Medizinrad der Beziehungsformen

Der „Sonnentanzweg der Süßen Medizin" – nach Angaben von Insidern eine alte schamanische Mysterienschule – betrachtet Sexualität als die zentrale Energie, als die am stärksten transformierende, vitalisierende und befreiende Kraft für den Menschen. Das untermauert, wie wichtig es ist, die eigene, individuell passende *Form* von Beziehung zu leben. Denn sie ist der Rahmen, in dem wir Sexualität leben. Den einfachsten und praktikabelsten Überblick, den ich kenne, um *Beziehungsformen* unterscheiden zu können, ist das „Medizinrad der Beziehungsformen" des Sonnentanzweges. Die Tradition der Deer Tribe Medis Medicine Society, die diesen Weg lehrt, kennt sehr viele so genannte Medizinräder. Diese Räder beinhalten Wissen, das zur Heilung des Menschen und zwischen Menschen beitragen soll. Enorm wichtig dabei ist Folgendes: Die Positionen auf einem Medizinrad sind absolut gleichwertig, es gibt keinen besseren und keinen schlechteren Punkt oder Platz darin, also auch keine Be- oder Verurteilung. Hier die fünf Positionen, bestehend aus Himmelsrichtung, Element, Eigenschaft und Form:

Westen
Element Erde
Stabilität
Offene oder geschlossene Monogamie

Osten
Feuer
Erweiterung
Zölibat (i.S.v. sexuell ausschließlich auf sich selbst bezogen)

Süden
Wasser
Fließen und Nähren
Triade

Norden
Wind
Flexibilität
Erweiterte Familie

Zentrum
Leere
Stille, Schöpfung
Freitänzer

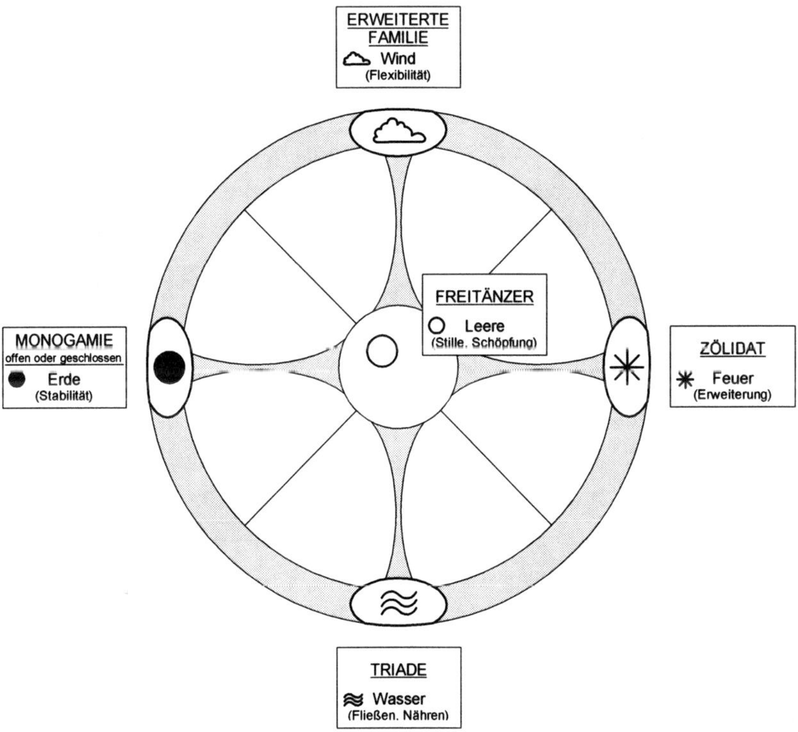

Quelle: ein Teaching des „Sonnentanzwegs der Süßen Medizin"
Grafik: Birgit Wittenberg

Um das Medizinrad der Beziehungsformen hier vorstellen zu können, habe ich Sabina Tschudi und Johannes Schröder interviewt, beide sind Lehrer des Sonnentanzweges.

Sabina:
„Das Rad der Beziehungsformen kommt vom Sonnentanzweg der Süßen Medizin der Twisted Hair von der Schildkröteninsel Turtle Island, die heute Amerika heißt. Der Sundance Path ist uns von Großvater Swift Deer Thunderstrike vermittelt worden, einem Heyokah Kriegshäuptling aus dem Rat der Ältesten und Gründer der Deer Tribe Medis Medicine Society. Es ist ein Rad, das hauptsächlich im Kontext von Chuluaqui-Quodoushka unterrichtet wird, einem schamanisch-spirituellen Zugang zu Sexualität. Dort geht es unter anderem darum, wie Beziehungen funktionieren, in sexueller wie in jeder anderen Hinsicht. Unsere Tradition erachtet Sexualität als eine zentrale Kraft im Menschen und im Leben, weil die Sexualität kreierend ist. Wir sind aus Sexualität geboren, sie ist die stärkste Schöpfungskraft, die uns Menschen zur Verfügung steht. Deswegen sind auch die Beziehungsformen sehr stark an die sexuellen Präferenzen von Menschen angelehnt. Im Idealfall wählen sie sich natürlich Beziehungsformen, die ihre eigenen sexuellen Ausrichtungen und Wünsche beinhalten und berücksichtigen.

Wenn ich jetzt die Positionen des Rades erkläre, benenne ich die zu den Himmelsrichtungen gehörenden Schöpfungselemente, weil sie das Rad sehr stark miterläutern. Das Rad der Beziehungsformen hat fünf Positionen in den kardinalen Himmelsrichtungen Westen, Osten, Süden, Norden und im Zentrum des Rades. Für alle zu diesen Himmelsrichtungen gehörenden Beziehungsformen gilt, dass sich die beteiligten Menschen in Verantwortung begegnen, mit klaren Verträgen, und über ihre Beziehungen ehrlich und offen kommunizieren.

- Der Westen

Im Westen siedelt sich das Element Erde an, die Qualität des Erdelements ist Stabilität. So finden wir im Westen auch die Monogamie, da sie tatsächlich eine sehr stabile Beziehungsform ist: Zwei Menschen, homo- oder heterosexuell, beziehen sich ausschließlich aufeinander. Sie pflegen Freundschaften, aber keine anderen intentionalen Beziehungen mit sexuellem oder erotischem oder romantischem Ausdruck. Man kann zwischen offener und geschlossener Monogamie unterscheiden. Die klassische Form ist die geschlossene, in der zwei Menschen ihre sexuelle Energie ausschließlich miteinander teilen – bei uns im Westen lange Jahre als die einzige, auch rechtlich gültige Form anerkannt. Eine offene Monogamie beinhaltet, dass beide Partner das Recht haben, durchaus auch sexuelle Erfahrungen außerhalb dieser monogamen Partnerschaft zu machen, nicht aber sich mit Dritten in eine wirkliche Herzensbeziehung einzulassen, also eine Beziehung aufzubauen, in der auch gemeinsame Träume, Wünsche und Hoffnungen entstehen, die man verfolgen möchte.

- Der Osten

Im Osten des Rades ist der Platz des Feuers, des expansiven Elements, das nach Erweiterung strebt: Ein Feuer brennt immer nur dort, wo es noch nicht gebrannt hat. Es breitet sich aus, es kann leicht geteilt werden und wird dadurch mehr, aber nicht weniger. Auf dieser Position des Medizinrads finden wir die Beziehungsform Zölibat. Es bedeutet, dass sich ein Mensch für eine bestimmte Zeit sexuell ausschließlich auf sich selbst bezieht. Dieser Bezug auf sich selbst hat das Motiv, sich tiefer zu ergründen, sich selbst genauer kennenzulernen, um dadurch aus sich selbst heraus einen weiteren Sprung des Wachstums und der Entfaltung zu machen. Auch, um sich erneuert und erweitert wieder auf die Welt – und auf die Beziehungswelt – einlassen zu können. Das Zölibat ist nicht zu verwechseln mit Abstinenz. Komplette sexuelle Abstinenz anerkennt unsere Tradition nicht als gesunde Beziehungsform. Wir erachten Sexualität als eine sehr wesentliche Kraft des menschlichen Wachsens. Aber auch der menschlichen Gesundheit, da die sexuelle Energie unglaublich regenerativ wirkt und uns immer wieder befähigt, Energie loszulassen und uns dadurch zu läutern und zu reinigen.

Eine kleine Anekdote: Es heißt, dass die sehr konservative American Medical Society in Tests herausgefunden hat, dass sogar im Labor stattfindende Orgasmen den menschlichen Organismus so verjüngen, dass die Lebenszeit um zwei Minuten verlängert wird …

- Der Süden

Im Süden ist die Beziehungsform Triade zuhause, weil der Süden der Platz des Wassers mit seinen Qualitäten Fließen und Nähren ist. Die Triade bedeutet, dass drei Menschen miteinander Beziehung in gemeinsamem Kontext leben. Das können in einer heterosexuellen Beziehung zwei Männer und eine Frau oder zwei Frauen und ein Mann sein, in einer homosexuellen drei Frauen oder drei Männer. Lebt beispielsweise eine Frau mit zwei Männern in einer Triade, dann sind diese beiden Männer miteinander befreundet, tauschen sich in Herzensdingen aus und sind darin klar, miteinander in dieser Beziehungsform zu stehen. Das bedingt nicht zwangsläufig konkrete gemeinsame Vorhaben und auch keine sexuelle Beziehung dieser beiden Männer, aber es bedingt eine offenherzige Freundschaft. Vielleicht unternehmen beide gelegentlich etwas gemeinsam, vielleicht wohnen sie zusammen. Dasselbe gilt natürlich für die Konstellation, in der ein Mann und zwei Frauen zusammen sind. Die Triade ist eine sehr fragile Beziehungsform, die oft nah am Wasser gebaut ist und die von den Beteiligten verlangt, ganz und gar im Fluss zu sein. Sie erfordert große Ehrlichkeit, sehr, sehr viel Herzoffenheit und Klarheit in der emotionalen Interaktion und Kommunikation, damit keine Verletzungen, Missgunst und Gefühle von Ausgeschlossenheit entstehen. Es ist eine Form, in der drei Menschen rückhaltlos offen miteinander verkehren – das Gegenteil zu einer monogamen Beziehung, in der einer der Partner heimlich oder offen ‚fremdgeht'.

- Der Norden

Im Norden des Rades finden wir die Beziehungsform der Erweiterten Familie. Das bedeutet, mehrere Erwachsene entscheiden sich, gemeinsam eine Großfamilie zu bilden, in der Sexualität untereinander frei gelebt werden kann. ‚Frei' in dem Sinne, den oder die sexuellen Partner frei wählen zu können. Normalerweise gibt es innerhalb solcher Großfamilien keine monogamen Zweierbeziehungen oder Triaden. Häufig werden die Kinder gemeinsam erzogen, eventuell gibt es eine gemeinsame ökonomische Grundlage. Die Erweiterte Familie wurde mit den 1968er Jahren da und dort sehr populär, sie wird heute hauptsächlich in Form von Wohn-Projekten gelebt, geht aber zurück auf archaische tribale Formen, in denen beispielsweise in einigen Gesellschaften alle Frauen desselben Alters als Mütter gelten und alle Männer desselben Alters als Väter, und Kinder oftmals gar nicht wissen, wer ihre leiblichen Eltern sind, weil das kein Gewicht hat in diesem Kontext. Das zum Norden gehörende Element ist der Wind mit seinen Qualitäten Beweglichkeit und Flexibilität. Die Erweiterte Familie ist eine Form, die Menschen enorm viel freies Denken und Dogmenfreiheit abverlangt, will man sich nicht in geistigen Konzepten, Erwartungen und Urteilen festbeißen.

- Das Zentrum

Das sind die vier kardinalen Beziehungsformen außen auf dem Medizinrad. Im Zentrum finden wir das Element der Leere. Es der innere Ort der Stille, der Schöpfung, der Kreation, der Ort allen Potenzials. Es ist nicht einfach der Ort des Nichts. Die Beziehungsform, die der Leere entspricht, nennen wir Freitänzer. Das ist ein Mensch, der sich in dieser Lebensphase auf keine der vier kardinalen Beziehungsformen festlegt. Nicht aus Mangel an

Verpflichtung und nicht aus Oberflächlichkeit, sondern aus dem tiefen Bedürfnis, in ganz verschiedenen Interaktionen immer wieder einen kraftvollen Spiegel für sich selbst, für das eigene Wesen, für die eigene Sexualität und Geschlechtlichkeit zu finden. Deswegen lassen sich Freitänzer mit mehreren anderen Menschen ein und beschäftigen sich mit diesen Einlassungen in Verantwortung, klaren Verträgen und offener Kommunikation darüber, wie in allen anderen Beziehungsformen auch. Die Form des Freitänzers findet sich auch am Patz der Leere, weil sich der Freitänzer irgendwann wieder auf die Kardinalen einlassen und wieder eine der vier Richtungen für sich wählen wird."

Robert: „Verantwortung und klare Verträge in Liebesbeziehungen, das ist ein enorm wichtiger Punkt. Was versteht eure Tradition unter ‚Vertrag'?"

Sabina: „Wenn wir von ‚Verträgen' sprechen, dann sind damit aus dem Herzen gesprochene Wünsche und Bedürfnisse gemeint. Wünsche und Bedürfnisse, die alle Beteiligten beachten und in ihr Leben und die gemeinsame Beziehung einbauen. So dass erstens Klarheit herrscht über das gemeinsame Verhalten und auch die Grenzen, die die jeweilige Beziehungsform zulässt. Zweitens dienen Verträge dazu, dass man sich besser verträgt. Verträge sind zum *vertragen* da. Sexuelle Verträge und Beziehungsverträge sind ungeheuer wichtig. Denn wenn wir uns vorstellen: der Karli trifft die Susi, die Susi macht sich für eine längerfristige Beziehung auf, hat das aber nicht kommuniziert, und der Karli ist als Freitänzer unterwegs. Wenn diese beiden versuchen, sich in einer Beziehung zu begegnen, wird Leid entstehen, Trauer, Vorwürfe, Ressentiments. Zu den Ressentiments gibt es ein eigenes Medizinrad. Es spricht darüber, warum Beziehungen wieder auseinandergehen, und zwar wegen der Herausforderungen auseinandergehen, anstatt *in* der Beziehung an diesen zu wachsen. Ein anderes Rad beschreibt die sexuellen Präferenzen: die Heterosexualität; die Homosexualität als legitime Wahlmöglichkeit von Menschen; die Bisexualität, die wir als eine sexuelle Präferenz verstehen, wenn ein Mann oder eine Frau sexuell überwiegend vom anderen Geschlecht angezogen wird, aber durchaus auch vom eigenen. Mit ambisexuell bezeichnen wir eine Präferenz, wenn sich ein Mensch gleichermaßen vom eigenen wie auch vom anderen Geschlecht sexuell angezogen fühlt. Nicht zuletzt kennen wir den Begriff omnisexuell, was sowohl Sexualität im menschlichen Kontext beschreibt wie auch die transzendente Sexualität, bei der der Mensch kreativ, offen, tief wahrnehmend und tief in Verbindung tretend unterwegs ist, auch und gerade mit der Natur. Verträge in Beziehungen sind eine ganz wesentliche Grundlage, damit alle Beteiligten Klarheit haben, damit sich alle einbringen können und mit ihren Wünschen und Bedürfnissen gehört und berücksichtig werden, sodass die Beziehung einen Schutzmantel um sich hat, weil alle Beteiligten wissen, die Verträge werden nicht gebrochen. Allenfalls werden Verträge neu besprochen, wenn ein Bedürfnis nach Veränderung entsteht."

Robert: „Werden Verträge auf Zeit abgeschlossen oder dauern sie einfach so lange, bis jemand der Beteiligten etwas Neues vereinbaren will?"

Johannes: „Die Basis dafür ist der Vertrag, den man mit sich selber macht. Was sind meine eigenen Präferenzen, Bedürfnisse und Wünsche? Daraus entsteht der Vertrag mit sich selbst. Er ist die Basis, von der aus man auf andere Menschen zugeht. Dann kann man auch die Verantwortung übernehmen für das, was in der Interaktion mit anderen geschieht."

Sabina: „Insofern werden Verträge nicht auf Zeit geschlossen. Es ist eine Eigenheit unserer Tradition: Was wir auf dem Rad der Beziehungsformen *nicht* finden, sind die so genannten Lebensabschnittspartner. Auch die serielle Monogamie finden wir nicht. Weil wir davon ausgehen, dass Beziehungen eine tiefe Verpflichtung bedeuten, ein tiefes Sich-einlassen und gemeinsames Überwinden von Hindernissen. Immer wieder. Auch in

Phasen, wenn die Beziehung nicht unbedingt sprüht vor Feuer. Das heißt, die beteiligten Partner und Partnerinnen lassen sich darauf ein, ihre Verbindung in Lebendigkeit zu erhalten, anstatt das Handtuch zu werfen, wenn Schwierigkeiten auftauchen, um in einer neuen Beziehung lediglich bis zum selben Punkt zu gelangen. Daher schließen wir Verträge nicht auf Zeit, wir reden aber auch nicht von Verträgen auf Lebenszeit, denn Veränderung ist ein natürlicher Teil des Lebens. Aber wenn wir uns auf Beziehungen einlassen, dann mit der inneren Verpflichtung, diese Beziehung auch zu pflegen."

Robert: „Was sind eurer Erfahrung nach die größten Schwierigkeiten in Beziehungen?"

Sabina: „Die Hauptschwierigkeiten in Beziehungen treten tatsächlich immer wieder im sexuellen Bereich auf. Einerseits im Unterdrücken eigener sexueller Wünsche und Bedürfnisse, weil viele Menschen nicht gelernt haben sich frei zu äußern, weil sie Gesichtsverlust fürchten. Nicht zuletzt aber auch, weil sie sich selber nicht wirklich kennen und gar nicht wissen, was sie sich überhaupt wünschen. Andererseits sind wir sehr häufig sexuelle Self-made-men and –women. Wir haben uns nicht wirklich tiefer beschäftigt mit sexueller Energie, uns nicht geschult, nicht trainiert in Sachen Sexualität. Das kennt unsere Kultur nicht. Und noch etwas kommt hinzu: Es gibt immer wieder Lebensumstände, die es schwerer machen, die Sexualität in Beziehungen wach zu halten und zu pflegen. Das sind zum Beispiel Phasen großer beruflicher Belastung oder wenn ein Neugeborenes in die Familie kommt. Sexualität, sexuelle Wünsche werden dann zurückgestellt. Über kurz oder lang können dadurch mehr oder minder starke Selbstzweifel an der eigenen Attraktivität entstehen. Und auch Vorwürfe an den Partner werden gemacht – ausgesprochene und nicht ausgesprochene. Solche Vorwürfe wurzeln zwar in der eigenen Unzufriedenheit, haben aber meist nicht nur sexuelle Themen zum Inhalt. Das kann so weit gehen, dass der Partner per se als Mensch oder die ganze Beziehung in Frage gestellt und letzten Endes auch aufgelöst wird.

Zu diesen Fragen kennt unsere Tradition sehr ausgiebige, tiefgehende Teachings und Zeremonien. Wir sprechen hier von Ressentiments, die sich in der Region zwischen dem ersten, zweiten und dritten Chakra ablagern, also in den Schößen der Frauen und in den Spirit-Schößen der Männer, die jeweils ganz stark dazu beitragen, dass der Raum zwischen Männern und Frauen belastet und kontaminiert ist. Dieses fortlaufende Sich-immer-wieder-klären und Sich-vom-Alten-lösen sehen wir als die Hauptaufgabe von Frauen und Männern schlechthin, nicht nur in Beziehungen, sondern auch im individuellen Reifeprozess."

Es kann nur ein kleiner Einblick in tiefes Wissen sein, den dieses Gespräch zur Verfügung stellt. Aber auch nur das Medizinrad der Beziehungsformen zu kennen, erachte ich für sehr nützlich, um sich klarer zu werden darüber, in welcher Form man schon geliebt hat, wie man es gerade tut oder vielleicht gerade gerne täte. Und dann mit anderen darüber ins Gespräch zu kommen, insbesondere mit geliebten Menschen. Die Offenheit darüber kann eine ganz neue Qualität und Lebendigkeit in uns und unseren Beziehungen entstehen lassen. Wenn wir nun den Sonnentanzweg wieder verlassen, mögen wir das Rad der Beziehungsformen nicht vergessen und erkunden weiter, wie wir Beziehungen gestalten können und wie sie vor unserem inneren Auge auftauchen.

Was das Ende einer Liebesbeziehung oft so schwer macht

Es gibt ein paar Denk- und Verhaltensweisen, die dazu beitragen, dass das Leiden am Ende einer Liebesbeziehung länger und intensiver ist, als es von der Natur der Sache her eigentlich notwendig wäre. Die folgende Sammlung der Gründe hat keinen Anspruch auf Vollständigkeit, kann aber hilfreich sein, die eigene Situation besser einzuschätzen:

- Verletzte Eitelkeit

Wir tun uns schwer damit, dass die Liebe nur ihren eigenen Gesetzen folgt. Dass sie kommt, verweilt und wieder geht. Es drängt uns, Gründe für die Trennung zu finden. Wenn wir lange genug suchen, enden wir unweigerlich in der Erfahrung des abhängigen kleinen Kindes, das verlassen wird, weil an ihm ein Makel haftet. Meist verläuft dieser Prozess über ein Zwischenstadium, in dem wir uns in Vorwürfen und Schuldzuweisungen gegenüber dem oder der "Ex" ergehen, was wir uns aber im Sinne von Beruhigung und Heilung nur *vorübergehend* erlauben können, damit nicht neue Unehrlichkeit entsteht und noch mehr Lebensfluss blockiert wird. Banaler gesagt: Ein Teil dessen, was eine Trennung so schmerzhaft macht, ist verletzte Eitelkeit und die Konfrontation mit dem eigenen brüchigen Selbstwertgefühl.

- Bequemlichkeit

Wir haben uns an ein bestimmtes Spiel gewöhnt, haben unser Leben um diese exklusive Beziehung herum aufgebaut – schließlich möchte man ja auch mal zur Ruhe kommen. Und dann zwingt uns die Trennung in Auseinandersetzungen, die wir überhaupt nicht haben wollen! Außerdem hat die Gewohnheit der Beziehung unsere Fähigkeit eingeschränkt, andere lohnende Spiele zu erfinden oder neu mitzuspielen. Hinter der warmen Ofenbank hervorzukommen und irgendwo anders ein neues Feuer zu entzünden, empfinden wir als lästig.

- Fehlendes Vertrauen

In Trennungssituationen wird deutlich, wie wenig wir in aller Regel darauf vertrauen, dass das Leben alles enthält, was wir brauchen. Neben mangelndem Vertrauen ins Leben steht mangelndes Vertrauen in uns selbst und in unsere Fähigkeit, auf die Umstände des Lebens ein- oder zugehen zu können und flexibel zu sein.

- Gescheiterte Erlösungshoffnung

In vielen Partnerschaften geht es nicht nur um die Liebesbeziehung als solche, sondern um den Versuch, das Unerlöste aus der Vergangenheit doch noch zu erlösen – über den Schleichweg einer Verbindung mit einem anderen Menschen. Solange sie besteht, bleibt selbst noch in der ‚schlimmsten' Beziehung die Hoffnung wach, dass sich verwirklichen könnte, wonach wir uns immer gesehnt haben. Das Ende bedeutet das schmerzhafte Erwachen aus diesem Traum und erkennen zu müssen, dass diese Strategie nicht greift.

- Konfrontation mit der Endlichkeit

Theoretisch wissen wir, dass wir endlich sind und irgendwann einmal sterben werden. Aber das intellektuelle Wissen darum ist ein Aspekt, unsere emotionale Realität ein anderer. Wir leben so, als ob das Gesetz der Endlichkeit von allem, was existiert, für uns nicht *wirklich* gilt. Das Ende einer für unsterblich gehaltenen Liebesgeschichte erinnert uns in rücksichtsloser Härte daran, wie die Dinge wirklich sind. Und wie sehr wir auf dem Holzweg waren.

- Versäumtes nicht mehr nachholen können

Viele Liebesbeziehungen entwickeln sich nach dem Stadium der ersten Verliebtheit zu einem ungedeckten Wechsel auf die Zukunft. Wir verschieben Dinge oder vertrösten uns in der Erwartung, dass wir sie, wenn schon nicht heute, so doch vielleicht morgen tun können. Abgesehen davon können wir das, was wir heute nicht leben, nie und unter keinen Umständen morgen leben – höchstens etwas, was dem ähnelt. So lässt uns das Ende einer Liebesbeziehung einsam und verlassen auf einem großen Haufen von Verschobenem sitzen.

- Reue

Es gibt immer wieder Dinge, die wir nicht mitgeteilt haben, Sticheleien, Gemeinheiten, Kränkungen, für die wir uns nicht entschuldigt haben. Mögliche Gründe dafür gibt es viele: wir sind zu stolz, zu verschämt oder zu schüchtern, um einen Schritt zu tun. Wir sind zu verfangen in Befürchtungen nicht den richtigen Moment zu erwischen, nicht die richtigen Worte zu finden … Und dann stehen wir nach der Trennung da und schauen dumm aus der Wäsche. Nur selten entstehen Gelegenheiten, das nicht Gesagte noch zu sagen. Weit verbreiteter sind quälende Gedanken, die um sich selbst kreisen.

- Unfähigkeit zu trauern

Wir haben verlernt zu trauern. Unsere Kultur bietet uns dafür nicht mehr viel selbstverständliche Unterstützung. Entweder gehen wir jammernd uns selbst und den Menschen unserer Umgebung auf die Nerven oder wir beißen die Zähne zusammen, machen alles mit uns selbst ab, während wir nach außen die Starken spielen oder uns in Geschäftigkeit flüchten. Statt Trauer zu teilen und das, was wir als unseren *persönlichen* Verlust und Schmerz ansehen, aus uns zu entlassen, wehren wir Trauer ab.

- Identitätsverlust

Wie alle Beziehungen vermitteln uns auch unsere Liebesbeziehungen eine Erfahrung dessen, wer wir sind, also eine Erfahrung unserer Identität. Ohne eine Antwort auf die Frage „Wer bin ich?“ sind wir verunsichert und leiden beim Verlust eines Partners, wenn wir nicht gelernt haben, uns diese Antwort selbst zu geben.

• Aggression und Depression

Wir gehen mit der Nichtbefriedigung vitaler Bedürfnisse verschieden um: aufgrund von Wesensunterschieden, die wir schon auf diese Welt mitgebracht haben, und der Unterschiedlichkeit dessen, was uns im Leben widerfährt. Jeder webt ein für seine Person spezifisches Muster, das er dann als zu sich gehörig betrachtet und mit dem er auch von anderen identifiziert wird. Es gibt zwei polar entgegengesetzte Grundmuster, wie Menschen frustrierte Bedürftigkeit verarbeiten: Aggression und Depression. Beide Grundmuster führen zu Leid, beide sind aus Angst und Verzweiflung geboren, mit dem Ziel, vom Partner die drängende Bedürftigkeit doch noch gestillt zu bekommen. Bei der Aggression geschieht das über Angst, bei der Depression über Schuldgefühle. Beide Muster dienen dazu zu vermeiden, Ohnmacht zu erleben. Das gilt auch für Zeiten, wenn eine Partnerschaft noch existiert, nicht erst, wenn sie zu Ende gegangen ist. Da in einer Liebesbeziehung jeder der Partner auch das Muster des anderen in sich trägt, können diese Grundmuster in der schwierigen Phase einer Trennung besonders leicht in beiden Beteiligten aktiviert werden. Nicht nur mit negativen Auswirkungen, es kann auch äußerst positiv wirken: Bei der Transformation des *aggressiven* Musters wird die darin enthaltene Energie verwandelt in Kraft und Beharrlichkeit, den eigenen Wünschen und Bedürfnissen nachzugehen und für sich selbst zu sorgen. Bei der Transformation des *depressiven* Musters wandelt sich die darin lebende Möglichkeit etwas aufzugeben und ganz loszulassen in echte Hingabe.

Die Angst zu verarmen

Der Ich-Begriff in unserem individualistisch geprägten Gedanken- und Wertesystem macht aus dem *Ich* etwas Dinghaftes. Unser Körper ist in dieser Sicht ein Behälter für Eigenschaften, Erfahrungen, Gefühle, Wertvorstellungen und Verhaltensweisen. Verfügen können wir nur über sie, wenn und solange wir sie als Dinge *in uns drin* haben. Im Leben kommen wir besser zurecht, wenn wir über möglichst viele dieser Dinge verfügen, die für gut befunden werden, und so wenig wie möglich von denen in uns tragen, die als nicht wünschenswert oder schlecht gelten. Unser ganzes Leben streben wir danach, uns von außen – aus dem Raum des Nicht-Ich – immer mehr dieser erstrebenswerten Dinge einzuverleiben. Nur selten schwirren, schwimmen, schweben sie frei herum. Meist müssen wir sie jemandem wegnehmen, der dann entsprechend weniger davon hat. Einige Dinge, die wir nicht mögen, sind auch in uns hinein geraten oder wurden hinein gezwungen, und wir versuchen sie loszuwerden. Das sind die heißen Kartoffeln, die wir dann anderen unterzuschieben versuchen. Einige davon tauschen wir mit anderen, vorsichtig irgendwie, damit das Geben und Nehmen immer ausgeglichen ist. Ganz wichtig ist, dass das Geben aber aufhört, wenn wir den eigenen Notvorrat hinreichend gefüllt wähnen.

Provozieren wir noch ein bisschen weiter: Wenn du dein Liebesleben ehrlich anschaust, wie denkst und handelst du? Könnte es sein, dass du von etwas Bestimmtem immer wieder Nachschub brauchst? Und zwar von einer *bestimmten* Person, mit der du einen impliziten oder expliziten Servicevertrag hast? Deiner Tankstelle für Beischlaf-, Emotions- und Sicherheits-Einheiten? Sag nicht zu schnell, das habe mit dir nichts zu tun, liebe Leserin, lieber Leser.

Wische diese Fragen bitte nicht einfach vom Tisch.
Es geht um 'was:

Die Fragen nach dem impliziten und expliziten Servicevertrag skizzieren einen Kontext, in dem wir Lieben-Wollende ähnlich wie die „Grauen Herren“ in Michael Endes „Momo“ werden: Wesen, die die Lebendigkeit der anderen *brauchen*, sonst lösen sie sich auf. Geht ihnen der Lebendigkeits-Vorrat zur Neige, werden sie panisch und schrecken vor nichts zurück. Dasselbe geschieht oft in unseren Beziehungen. Es führt zu haarsträubenden Auswüchsen, nicht nur bei jungen und entsprechend unerfahrenen Menschen, wie in den Beispielen weiter unten beschrieben. Du musst dich nur ein bisschen im Internet auf Grußkarten-Plattformen umschauen:

„Hätte ich gewusst, wie schwer es ist, deine Hand loszulassen … dann hätte ich sie niemals berührt.“[x10]

„Ich schwebe nicht mehr über den Wolken, aber ich liebe dich immer noch. Es heißt, die Hoffnung stirbt zuletzt. Aber die Liebe lebt auch ohne Hoffnung weiter.“[x10]

„Die große Freiheit … nichts für mich. Komm zurück! Ich liebe dich!“[x10]

„Gehe erst, wenn ich mein Herz zurück habe!!
Am besten du gehst gar nicht!!! Denn du bist mein Leben!!!“[x11]

„Ich liebe Dich, weil du ALLES für mich bist.
Ich brauche Dich, da du mein Sonnenschein bist.
Ich mag Dich, weil du etwas Besonderes bist.
Ich vermisse Dich, weil du mein Leben bist.“[x11]

Es ist das drängende Gefühl von *Mangel*, das Menschen veranlasst, derlei Unsinn zu sagen und zu schreiben. Wir haben das alle schon getan, diese morastigen Abhängigkeits- und Projektions-Sümpfe sind uns nicht unbekannt. Die innere Angst zu verarmen ist mächtig. Voraussetzung für dieses Mangelempfinden ist, dass wir das *Ich* und die *Welt* voneinander getrennt erleben, und beides für uns nur durch Erwerbs- und Tauschbeziehungen miteinander verbundene Dimensionen sind.

Was tun?

Wir gehen den Weg weiter.

Er führt von den vor-individualistischen Kulturen über die immer konsequentere Individualisierung und setzt sich fort bis zu deren tatsächlicher Erfüllung im ganz positiven Sinn. Dann wird – irgendwann – eine Kultur auftauchen, in der sich *Ich* und *Identität* wieder in einen anderen Kontext wandeln, der geprägt ist von Verbundenheit, Zusammengehörigkeit und Gemeinschaft. Eine Gemeinschaft, die wertschätzenden Raum für das Individuum zur Verfügung stellt. Das Ich kann sich dann in der Erfahrung *kollektiver Intelligenz*[11] entspannen. Das, um was es auf dieser Entwicklungsstufe letztlich geht, ist nicht mehr dinglich. Das *Ich* wird dann nicht verarmen können, weil das in diesem Kontext keine Option mehr ist. Absichtsloses Geben und Nehmen, sich hingeben und Hingabe empfangen ohne Kalkül sind dann die natürlichen Formen des Seins – und die viel zitierte, der Philosophin und Historikerin Ricarda Huch zugeschriebene Erkenntnis wird zur gelebten menschlichen Wirklichkeit werden:

„Liebe ist das einzige, was wächst, indem wir es verschwenden.“

[11] Wenn du dich mit kollektiver Intelligenz tiefergehend beschäftigen möchtest, empfehle ich dir das Buch „Die Kraft der kollektiven Weisheit: Wie wir gemeinsam schaffen, was einer nicht kann“ von Kosha Anja Joubert

Krisen sind nichts Privates

Krisen sind genauso normal wie Konflikte, sie gehören zum Leben wie Lachen und Weinen, wie Regen und Sonnenschein, wie Frühling, Sommer, Herbst und Winter. In aller Regel sehen wir die Chancen, die sich in Krisen verbergen, erst nach einiger Zeit. Erst dann, wenn wir genügend Abstand gewonnen haben. Die Krisensituation selbst geht normalerweise einher mit Energieverlust, Leid, manchmal Qual, mit der Suche nach Schuld bei sich selbst, einem anderen oder bei den Umständen. Als Menschen in Beziehungskrisen sind wir meist innerlich zerrissen. Wir merken, dass unser bisheriger Weg immer enger und steiniger wird und dass ein Weitergehen vielleicht kaum noch möglich ist. Gleichzeitig beharren wir darauf, genau *diesen* Weg weiterzugehen. Wir halten an unseren Beziehungskonzepten fest. Nur selten gehen Frauen, und noch seltener Männer, schon bei den ersten Anzeichen einer Krise das Wagnis ein eigene Glaubensvorstellungen zu betrachten, die ihr Verhalten und Erwarten prägen. Geschweige denn, dass sie sich über ihr Inneres und eventuell Intimes mitteilen. Immerhin ist es inzwischen salonfähig geworden, sich in einer solchen Situation an einen Experten zu wenden, um mit seiner Unterstützung nicht zu flüchten, sondern standzuhalten, Unbekanntes in sich zu entdecken und neue Optionen und Spielräume zu öffnen. Oft ist der Anruf bei einem Coach oder Therapeuten aber erst der letzte Rettungsanker, wenn der Leidensdruck zu groß geworden ist und der Mensch nicht mehr ein und aus weiß.

Ein großer Teil dieses Leidensdrucks müsste jedoch gar nicht erst entstehen. Oder er könnte sich ohne die Hilfe eines Experten auflösen. Dafür müssen wir es wagen Krisen – und besonders Beziehungskrisen – nicht mehr nur als etwas Privates zu betrachten, das niemanden außer uns selbst etwas angeht. Wir müssen einen Schritt nach draußen treten und sprechen, uns mitteilen, uns anvertrauen. Auch wenn wir die dafür in Frage kommenden Menschen möglicherweise erst suchen müssen. Machen wir alles alleine mit uns selbst aus, können wir Krisen meist nur schwer verarbeiten, bleiben meistens im Schmerz, im Jammern und im Suchen nach der Schuld stecken. Der daraus resultierende Teufelskreis von Verstrickung und Destruktivität dreht sich dann, bis er sich totgelaufen hat und unsere Energie verbraucht ist. Deshalb müssen wir wieder offen miteinander umgehen und uns gegenseitig darin unterstützen, unsere Lebenswege und unsere Beziehungen ohne Scheuklappen zu überprüfen und gegebenenfalls den Kurs zu korrigieren. Denk' bitte daran:

Du musst dich für eine Krise weder schämen
noch alles alleine schaffen!

Zwei Arten des Vertrauens

In einer Seminargruppe erzählte eine Teilnehmerin – nennen wir sie Bärbel –, sie habe in den Beziehungen zu ihren „liebsten Menschen" Möglichkeiten von Freiheit *und* tiefer Verbundenheit entdeckt, von denen sie bis vor kurzem nicht einmal gewagt habe zu träumen. Bärbel ist verheiratet und hat zwei Kinder. Vor einiger Zeit hatte sie sich in einen anderen Mann verliebt und lebte diese Liebe offen in voller Bezogenheit auf ihren Ehepartner. Die Erfahrung dies *zu dürfen* war so jung und widersprach so vielem, was sie über Liebe und Beziehung gelernt hatte, dass sie immer wieder darüber ins Staunen geriet: „Wir haben lange dafür Vorarbeit geleistet", sagte sie, sich selbst und ihren Mann anerkennend. Bärbel meinte damit, dass ihr jahrelanges psychologisches und spirituelles Training jetzt Früchte trage, die weit mehr seien als ein etwas besseres Funktionieren ihres Alltags. Bisher habe sie die Instrumente und Vorgehensweisen vor allem benutzt, um den Lebensfluss anzuschieben und zu lenken; ihr habe das Vertrauen gefehlt, dass dieser Fluss von selbst fließen und sie tragen könne. Gleichzeitig aber sei in ihr unbemerkt etwas gewachsen, das sich jetzt zu entfalten beginne und in ihrem Liebesleben ungeahnte Möglichkeiten auftauchen lasse.

Bärbels Erfahrung ist eine *Selbst*erfahrung, eine Begegnung mit sich selbst, den eigenen lichtvollen und auch den verschatteten Seiten. Diese Erfahrung beruht daher auf einer Art von Vertrauen, das nicht notwendigerweise ein bestimmtes Verhalten des Partners voraussetzt, wenngleich es dadurch wesentlich erleichtert würde. Das macht den Unterschied. Es ist ein Vertrauen, das sich per se aus dem Vertrauen ins Leben selbst speist. Aus der ehrlichen, ernsthaften Auseinandersetzung mit Fragen wie:

Vertraue ich mir selbst?
Kann und will ich meinem Gegenüber wirklich vertrauen?
Wann und wie will ich kontrollieren und reglementieren?
Welche Freiheit gebe ich mir selbst?
Kann ich meinem Gegenüber die Freiheit für seinen eigenen Weg geben?

Ein Freund erzählte mir, er habe mal einen weisen Mann sinngemäß sagen hören: „Für sehr viele Menschen ist die Forderung vertrauen zu können, das Letzte, was sie vor der Erleuchtung aufgeben müssten. Die wenigsten sind dazu bereit." In einem Seminar, an dem ich vor einigen Jahren teilnahm, sprach der spirituelle Lehrer Thomas Hübl über das gängige Verständnis von Vertrauen und was an Voraussetzungen gegeben sein muss, damit wir es „Vertrauen" nennen können. Er bezeichnete Vertrauen als ein Konzept, in dem es „um die Sehnsucht nach Nähe, Zuneigung und Gehalten-werden" geht. Vertrauen ist demnach ein Geschäft, das nur zustande kommen kann, wenn das Gegenüber sich auf eine ganz bestimmte Art verhält. Thomas Hübl: „Wenn ich dir vertraue, kann ich mir relativ sicher sein, dass du mir keinen Schmerz zufügen wirst. Ich möchte, dass du mir keinen Schmerz zufügst. Das heißt, ich möchte dich kontrollieren. Ich möchte, dass du so bist, wie *ich* dich haben möchte." Das bedeutet, dass es mit dem Vertrauen in dem Moment vorbei ist, in dem diese Erwartungen nicht mehr erfüllt werden. Ulrich Clement[x5] erzählt in seinem Buch „Wenn Liebe fremdgeht" einen Konflikt, der dieses problematische Thema noch weiter verdeutlicht:

> Gerd beendete eine mehrmonatige Affäre mit einer Kollegin, nachdem seine Frau Elke dahinter gekommen war. Sie verwand den Schmerz nicht und begann eine Paartherapie, zu der ihr Mann widerwillig mitkam. Elke quälte sich mit Fragen, was die andere habe, das sie nicht habe, machte ihrem Mann Vorwürfe, wollte wissen, was er ihr alles noch nicht erzählt habe. Ja, er habe gelogen, als die Affäre noch lief; das hatte er ihr bereits gestanden. Aber

jetzt sei das vorbei, wiederholte er in der Therapie-Sitzung, und sie müsse ihm glauben, was er sage. Worauf seine Frau erwiderte: „Und wieso sollte ich dir jetzt glauben?"

„Gerd ist mit dieser Frage schachmatt gesetzt", schreibt Clement. „Elke stellt ihrem Mann eine unbeantwortbare Frage. Sie verlangt von ihm Gründe dafür, ihm vertrauen zu können. Um ihm die aber zu glauben, müsste sie ihm bereits trauen. (…) Hätte Gerd einen Beweis, hätten wir es mit Wissen, nicht mit Vertrauen zu tun. Wenn sie weiß, dass ihr Mann die Wahrheit sagt, braucht sie ihm nicht mehr zu vertrauen. Wissen macht Vertrauen überflüssig. Die Vertrauensfrage kommt ins Spiel, wenn man nicht alles wissen kann."

Kehren wir zu Bärbels Geschichte zurück: Ihre Erfahrung eine Liebe zu einem Dritten offen leben zu können, zeigt, dass wir in eine bestimmte Art von Vertrauen *hineinwachsen* können. Wir müssen uns aber dafür entscheiden, wir müssen es wirklich *wollen*. Wenn wir nicht wirklich vertrauen *wollen*, kann sich unser Partner auf den Kopf stellen und mit sechs Beinen wackeln, er wird uns nicht ins Vertrauen *bringen*. Unterscheiden wir zwei Arten von Vertrauen: zum einen das vorläufige, bedingte Vertrauen, das wir aus der *relativen* Sicherheit schenken, nicht verletzt zu werden; zum anderen das unvoreingenommene, bedingungslose Vertrauen, das wir schenken, weil wir es schenken *wollen*. Gehen wir davon aus, dass beide Formen ihre Daseinsberechtigung haben.

Vorläufiges Vertrauen braucht Beweise.
Bedingungsloses Vertrauen ist ein Geschenk.

Vorläufiges Vertrauen ist beweispflichtig, ist also eine Reaktion, aber nicht die Quelle. Es basiert auf der Aussage: „Ich vertraue dir, weil … und solange, wie …" Dieses Vertrauen ist gefährdet, wenn eine Abmachung nicht eingehalten, ein Versprechen gebrochen wird. Vorläufiges Vertrauen ist etwas Beschränktes, etwas Zurückhaltendes, das mehr oder weniger ständig überprüft werden muss. Es spielt sich in aller Regel in Lebensbereichen ab, in denen es auf Kontinuität, Verlässlichkeit und Planbarkeit ankommt. Unvoreingenommenes Vertrauen ist unabhängig vom Verhalten des Gegenübers oder von unserem eigenen, wenn es um Vertrauen in uns selbst geht. Diese Art von Vertrauen ist keine sachliche oder geschäftliche Vereinbarung mehr, es ist eine eingenommene innere *Haltung*. In Worten könnte sie ungefähr so klingen: „Ich sehe in dir jemanden, der willens ist, sich mir gegenüber integer zu verhalten. Selbstverständlich bist du nicht vollkommen, einiges wird schief gehen. Ich lauere aber nicht darauf, um an meinem Vertrauen dir gegenüber zweifeln zu können. Bei Unklarheiten und Fehlern werde ich dich bitten, Stellung zu nehmen und integer zu handeln. Meinem Vertrauen wird das keinen Abbruch tun. Ich werde mich weiter auf denjenigen in dir beziehen, dem ich vertraue." Diese komplexe Haltung wird möglich, weil sie als unvoreingenommenes Vertrauen zwischen der *Person* und deren *Verhalten* unterscheidet. Es gründet in den eigenen Fähigkeiten, mit dem persönlichen Erleben von Wirklichkeit und den Wirklichkeiten anderer gut umgehen zu können. Es lässt im anderen das wachsen, was wir in ihm sehen. Wie würde sich unsere Kultur entwickeln, wenn wir diese Art von Vertrauen auch und gerade in Bereichen lebten, in denen es auf Kontinuität, Verlässlichkeit und Voraussagbarkeit ankommt? In unseren Familien, unseren Nachbarschaften, unseren Arbeitsbeziehungen mit Kollegen und Geschäftspartnern? Begegnungen, die sich vor der Kulisse unvoreingenommenen Vertrauens als innerer Haltung abspielen, werden dir bereichernde Erfahrungen bescheren: Du wirst eher und häufiger Personen erleben, die sich integer verhalten, nämlich so, wie es eurer impliziten oder expliziten Beziehungsvereinbarung entspricht.

Vertrauen bezieht sich auf die Person – nicht auf ihr Verhalten!
Im Vertrauen und in der Liebe gilt dasselbe: DU bist die Quelle!

Handwerkliches

Mal angenommen, wir wollten ein Haus bauen. Keine Frage, wir würden uns ausgiebig Gedanken machen, oder? Wir würden darüber nachdenken, wo es stehen und wie es aussehen soll, was es uns zur Verfügung stellen wird und was es kosten darf. Wir würden erwägen und knobeln, wie wir die Finanzierung gestalten und welche Nachbarn wir uns wünschen. Und damit nicht genug: Uns wäre völlig klar, dass wir Wissen, Werkzeuge, Fertigkeiten, Methoden, die richtigen Leute und Übung bräuchten, um dieses Haus bauen und dieses Vorhaben verwirklichen zu können. Für den Bau einer Liebes-Beziehung gilt genau das Gleiche: Wir brauchen Wissen, Werkzeuge, Fertigkeiten, Methoden, Training. Denn es geht darum bewusst zu wählen, was wir in dieser Beziehung wollen und was nicht, und wie wir beides kreieren können. Die wenigsten Paare sprechen nach der ersten Verliebtheit darüber, mit welcher Glückserwartung sie sich eigentlich aufeinander beziehen wollen. Auch wenn beide schon einiges an Erfahrung haben, entsteht doch meistens ein Zufallsprodukt aus den Biografien und den aktuellen Lebenswirklichkeiten. Eine Beziehung ist – neben den personal Beteiligten – immer ein eignes *Wesen*, also ein *Drittes*. Dieses bewirkt bestimmte Gefühle und Verhalten, es bestimmt das Maß an Glück und Erfüllung, den Grad der Wandlungsfähigkeit, seine Dauer und es gibt Lebensinhalt.

1 + 1 = 3?
Ja. In der erwachsenen Liebe ist das „Wesen" Beziehung etwas „Drittes".

Es lebt *neben* und *durch* die beiden Individuen, die es erschaffen haben. Wenn Liebende ihre Verbindung jedoch nicht bewusst bauen, wenn sie sie einfach so sich entwickeln lassen, leben sie in der Regel nicht sich selbst im Rahmen ihrer Beziehung – sondern werden von dieser gelebt. Jede Interaktion prägt und festigt den Charakter und die Identität dieses Wesens – nennen wir es „Gelebt-Werden“ – und engt die Bandbreite künftiger Ausdrucksmöglichkeiten ein wenig mehr ein. Das Dritte hat sich also verselbständigt und dem entsprechend entstehen Eigendynamiken, die die Liebenden nicht ganz in der Hand zu haben scheinen. Bei den glücklichen Ausnahmen, die mit dem Ergebnis dieses Prozesses voll einverstanden und zufrieden sind, besteht kein Anlass, irgendetwas zu ändern. Dennoch gilt auch für diese Paare: Das Wichtigste ist im Training zu sein.

Ein Meister ist der, der übt!

Ganz besonders gilt diese Devise für Menschen, die so wie bisher nicht mehr zusammenleben wollen, aber auch nicht auf Trennung aus sind, sondern eine Erneuerung anstreben, eine Veränderung, Aktualisierung oder Vertiefung. Ihnen steht ein weites Spektrum an Trainingsmöglichkeiten, wirksamen Techniken und Methoden zur Verfügung. Es gilt nur die richtige für sich selbst herauszufinden. Probieren geht auch hier über studieren und es lohnt sich. Ich stelle in einer Übersicht und etwas ausführlicher im Anhang einige lohnende Ansätze und Methoden vor, weil ich sie für geeignet halte, den kleinen und großen Themen, die dieses Buch anspricht, gebührenden Raum zu geben. Es soll und kann nur einen Eindruck von dem vermitteln, was Erwachsene für sich nutzen, worin sie sich trainieren *könnten*. Sowohl für die individuelle Entwicklung als auch für das gemeinsame Wachstum. Denn es geht darum – gerade in der Liebe – Anregungen zu sammeln. Es gilt gemeinsam oder jeder für sich, sich in der Welt außerhalb umzusehen, bis dato selbstverständliche Lebens- und Liebeswirklichkeiten neu zu betrachten und wach experimentierend eigene Erfahrungen zu machen. Alles, was die Persönlichkeit fordert und fördert, was Selbsterfahrung möglich macht, wird dann spannend und interessant. Von Psychotherapie bis Kontakt-Improvisation, von Ausdrucksmalen bis Familienstellen. Die folgende Übersicht stellt Möglichkeiten zur Auswahl, sie hat selbstverständlich keinen Anspruch auf Vollständigkeit.

Die Übersicht (Kurzvorstellungen im Anhang):

- Systemischer Ansatz
- Biografie-Arbeit
- Zwiegespräche
- Familienaufstellungen
- Gewaltfreie Kommunikation (GFK)
- Einfühlsam Zuhören / Compassionate Listening
- Focusing
- Radikale Vergebung
- The Work
- Gemeinsame Ziele, Vereinbarungen, Deklaration
- Körperarbeit
- Spirituelle Praxis
- Selbsthilfe (-Gruppen)
- Liebes-Workshops und Paar-Seminare
- Bücher / Vorträge / Foren

„Na toll", werden jetzt einige Leserinnen entgegnen, „ich will so was schon lange mal ausprobieren, aber mein Mann will das nicht mitmachen." Ein Klassiker unter den Konflikten. Nicht selten ist in einer Liebesbeziehung nur einer der Partner bereit sich Neuem zu öffnen. Überwiegend sind es die Frauen. Oft will nur einer von beiden losgehen, Gewohnheiten verändern, die Automatik des Lebens unterbrechen und Neues entwerfen. Der andere will lieber, dass alles so bleibt, wie es ist. Das sind allerbeste Voraussetzungen für eine brisante Dynamik, für eine starke Polarisierung. Und für beide bekommt die Auseinandersetzung mit einer der vielen Formen von Widerstand besonderes Gewicht. Ob Auflehnung, Protest, Trotz, Ignoranz, Sturheit, Starrsinn, offene Rebellion oder was auch immer: Kommunikation ist *alles.* Sowieso. Jedoch in einer Situation, wo sich der eine durch die Aktivitäten des anderen bedroht fühlt, ist die gute alte Zauberformel „miteinander reden!" noch mal um ein Vielfaches wichtiger. Und das heißt:

Sich mitteilen und zuhören – wahrhaftig miteinander reden!

Mit echtem Interesse am Erleben und am inneren Universum des anderen. Und je bedrohter einer der Partner sich und seinen Lebensentwurf sieht, umso mehr empfiehlt sich *Langsamkeit* im Gespräch. Zielformulierungen und Deklarationen spielen in einer solchen Beziehungssituation eine noch größere Rolle, *Mediation* oder *Coaching* als Begleitinstrumente sind Unterstützung von hohem Wert. Für alle Ziele und Abmachungen gilt: Nichts besitzt die Würde der Heiligkeit, alles kann geändert werden! Aber solange Regeln nicht gemeinsam beendet oder durch andere ersetzt worden sind, gelten sie auch! Die Willkür von Launen und Umständen darf sich darauf nicht auswirken. Im Arbeitsleben ist uns diese Haltung vertraut und selbstverständlich. In unserer Liebeswelt müssen wir sie oft erst lernen und entwickeln. Natürlich können wir auch einseitig Ziele über Bord werfen, Abmachungen kündigen oder Versprechen und Regeln brechen. Dann müssen wir mit den Konsequenzen leben. Alles, was wir tun, hat Effekte. Ein Versprechen zu halten hat Folgen, es zu brechen auch. Es ist ganz einfach: Auf Dauer gesehen ist die Glückswahrscheinlichkeit höher, wenn man Zusagen einhält. Oder mit den Betroffenen *vorher* spricht, wenn man Zusagen nicht (mehr) einhalten will.

Der amerikanische Arzt und Coach Ron Smothermon[x12] formuliert das so: „Zweck einer Vereinbarung ist es, das Leben funktionieren zu lassen, das heißt, Zufriedenheit zu erlangen und das Leben selbst zu bereichern." Und: „Vereinbarungen sind Vereinbarungen. Halten Sie sie ein, seien Sie für sie verantwortlich, und Ihr Leben funktioniert. Halten Sie sie nicht ein, funktioniert Ihr Leben nicht." So einfach ist das.

Daher empfehle ich, sich auf einige wenige, klar definierte Versprechen zu beschränken – und sie auch zu erfüllen bzw. sie einzuhalten. In Freiheit. Ich empfehle insbesondere, dem Sog der romantischen Verliebtheit zu widerstehen. Denn dieser Sog lässt häufig Menschen am Anfang ihrer Beziehungen mit diffusen Versprechen um sich werfen. Von wegen: „Ich werde *immer* für dich da sein“, „*Nie* werde ich dich verlassen“, „Du bist *alles* für mich“ – und wenn sie nicht gestorben sind, dann leben sie heute auch nicht mehr.

Leben unter der Besatzungsmacht

Sich aufzumachen, sich auf die Spur kommen zu wollen, sich mit sich selbst und den eigenen Mustern und Marotten auseinanderzusetzen, das ringt uns einiges ab. Wir müssen Komfortzonen verlassen, in unbekanntes Terrain aufbrechen, Risiken eingehen. In der Regel ist es der Leidensdruck, den wir nicht mehr länger bereit sind zu ertragen, und der uns dann in Bewegung bringt …

„Ich erlebte mich während unserer Ehe wie besetzt." Den Therapeuten ließ diese Aussage eines 60-jährigen Mannes aufhorchen. Der Mann, beruflich in verantwortlicher Position, sah sich einer quälenden Trennungssituation ausgeliefert. Nach 30 Jahren Ehe, nach 30 Jahren erfolgreichen Verhinderns echter Begegnung, schieden sich die Wege. Er erzählte freimütig: „Es ist schwer für mich, meiner Frau gegenüber ehrlich zu sein. Wir zeigen uns einander nicht wirklich, das zieht sich durch unsere komplette Beziehung. Meine Frau ist mir all die Jahre wie eine Art Besatzungsmacht erschienen. Ich habe mich mundtot machen lassen, ich habe es höchstens zu einer ineffektiven Revolte gebracht oder zu einem hinterlistigen Partisanenkrieg. Die Besatzungssoldaten haben immer wieder andere Formen angenommen: Scham, Schuldgefühle und schlechtes Gewissen, Drohungen mich zu verlassen, was sollen die Leute denken, wenn du gehst bring' ich mich um."

In einer der Therapie-Sitzungen begann dieser Mann nachdenklich in Betracht zu ziehen, dass womöglich seine Frau in diesen Jahren Ähnliches erlebt hatte. Er sprach von Okkupation und Unterdrückung. Es erschütterte ihn zu sehen, wie wenig seine Liebes-Beziehung Ausdruck von Freiheit, Freiwilligkeit und Nähe war; wie sehr sie geprägt war von Angst, wechselseitiger Manipulation und Sich-voreinander-verstecken. Auf die Frage, wann er die Gefühle und Seins-Zustände zum ersten Mal erlebt habe, die die Beziehung zu seiner Frau bestimmten, landete er unvermittelt in seiner Kindheit. Er sah den kleinen Jungen vor sich, der sich schuldig fühlte, wenn er das traurige Gesicht seiner Mutter sah; er erinnerte sich, wie er sich schämte, wenn sie mit erhobenem Zeigefinger vor ihm stand; er fühlte die Angst bei ihrer Drohung ihn ins Heim zu stecken, wenn er nicht brav sei. Zeit seines Lebens habe er unter dem Diktat des Wohlverhaltens gestanden. Ein inneres Tribunal habe ihn immer wieder verurteilt. Schlagartig wurde ihm klar, dass all das, was in 30 Ehejahren Schmerz, Kummer und Elend bewirkt hatte, darin wurzelte, dass er sich auch als erwachsener Mann hatte beherrschen und unterdrücken lassen. Und er sah, dass er seinerseits seiner Frau dasselbe angetan hatte. Dass er nie begriffen hatte, dass die Zeit zu Ende war, in der ein anderer Mensch in einer intimen Beziehung *wirkliche* Macht über ihn besaß, *wirklich* die Schlüssel zu seinem Glück oder Unglück in den Händen hielt und ihn damit beherrschen konnte. Erschüttert wurde er einer Banalität gewahr: Ihre Ehe war keine Beziehung zwischen zwei erwachsenen Menschen gewesen. In dem Moment, als er *emotional* begriff, dass er nicht mehr vier, sondern 60 Jahre alt war, schien etwas von ihm abzufallen. Sein Gesicht entspannte sich und er begann zu lächeln. „Ich glaube, als Erwachsener habe ich noch nie geliebt", sagte er, „ich habe es noch nie gewagt zu zeigen, wie ich wirklich bin. Mir wird schwindelig, wenn ich mir vorstelle, dass ich das vielleicht lernen kann." In den anschließenden Sitzungen setzte sich der Mann mutig damit auseinander, dass kindliche Erfahrungen und die Erinnerung daran nie ganz gelöscht werden. Er akzeptierte, dass sie immer bereit liegen und durch das So-Sein eines emotional wichtigen menschlichen Gegenübers jederzeit aktiviert werden können. Wie auf Knopfdruck. Wenn es zu solchen Situationen kam, hatte im Leben dieses Mannes bislang der Vierjährige versucht, die Kontrolle zu übernehmen. Überschwemmt von einer Flutwelle intensivster Gefühle. Niemanden habe es gegeben, der ihm Wegweiser gewesen sei, trauerte er. Auf sich selbst gestellt habe er alleine Antwort geben müssen auf Fragen, die ihn als Junge völlig überforderten und von deren Beantwortung doch so viel abhing.

Nun, nach dem revolutionären Erkennen seines Erwachsenseins konnte dieser Mann in emotionalen Situationen etwas Neues ausprobieren: nämlich den kleinen Jungen in sich willkommen zu heißen und zu trösten, anstatt ihn wie ein lästiges Etwas mundtot zu machen. Ihm gleichzeitig Grenzen setzen und darauf bestehen, dass der inzwischen gestandene Mann sein Wissen um Gesetzmäßigkeiten, Notwendigkeiten und reale Einflussnahme auch nutzt. Zum Wohle aller Beteiligten. Er kann dem kleinen Jungen in sich die Sicherheit geben, die er braucht, um schmerzhafte Gefühle *fühlen* zu können, statt sie panisch auszuleben. Er kann Erinnerungen und Gefühle ganz abschließen und wieder zu seinem natürlichen Zustand von Freude, Neugier und Liebe zurückkehren und mit dem Erwachsenen zu einem wirklich *ganzen* Menschen werden.

Die äußere und innere Inszenierung von Beziehungen

Wie wir schon festgestellt haben, gibt es heute für die meisten Menschen in der westlichen Welt keine allgemein verbindlichen Normen und Wertvorstellungen (mehr) in Bezug darauf, wie die Beziehung zwischen Frau und Mann auszusehen hat. Geblieben sind Allgemeinplätze und eine unüberschaubare Vielfalt von Möglichkeiten unterschiedlichster Färbung, mal mehr, mal weniger verlockend. Es ist nicht die Frage, ob es früher besser war, weil die klar umrissenen Rollen- und Beziehungserwartungen als Leitplanken dienten, an denen man sich orientieren und festhalten konnte. Bei aller Einengung, die das mit sich brachte. Es ist auch nicht die Frage, ob es heute besser ist, weil es unserem Verständnis von Menschenwürde mehr entspricht, wenn Männer und Frauen in Freiheit und Eigenverantwortung wählen, was und wie sie leben wollen. Es ist, wie es ist: Verbindliche Festlegungen, wie Liebe zu leben ist, enge Grenzen und Regeln für die Gestaltung von Beziehungen zwischen Frauen und Männern, das gibt es nicht mehr. Auch wenn immer wieder institutionelle Bemühungen und verschiedenste Interessensgruppen nach erneuter Durchsetzung der alten Konventionen strebend zu beobachten sind. Lange Zeit war die Lebenswirklichkeit der Menschen eine grundlegend andere. Es gab Jahrhunderte, in denen sich der gesellschaftliche Wandel dermaßen langsam vollzog, dass die Vorstellung selbstverständlich erschien, die Welt sei statisch. Und jeder müsse nur seinen von Gott zugewiesenen Platz einnehmen und die sich daraus ergebende Rolle so gut wie möglich ausfüllen. Vor allem als Ehemänner und Ehefrauen. Inzwischen hat sich der Wandel unserer Lebens- und Liebesformen so sehr beschleunigt, dass wir auf der Suche nach Halt und Orientierung häufig desorientiert und verwirrt zurückbleiben. Oder aber ein so dickes Bollwerk um uns bauen, dass wir uns von einem lebendigen Austausch mit der sich verändernden

Wirklichkeit gänzlich abkoppeln. Dann werden jedoch unsere Liebesbeziehungen zu Trutzburgen, die wenig frische Luft zum Atmen lassen.

Was bleibt uns als Handlungsoption?
Die Flucht nach vorn!

Nicht selbstverliebt, sondern in Selbstliebe können wir bewusst wählen und nutzen, was ist und was wir inzwischen darüber wissen. Und aus dieser Haltung zum Leben können wir Liebesbeziehungen mit ebenbürtigen, nicht abhängigen Partnern so entwerfen, dass wir in ihnen *Erschaffer* sind. *Täter* im positiven Sinne, statt mehr oder weniger passive Opfer. Das ist die Freiheit der Gegenwart, eine Gelegenheit kühne Träume zu verwirklichen. Die engen Grenzen, in denen die Menschen zwei oder drei Generationen vor uns lebten, existierten in einer Welt, in der der Großteil der Bevölkerung so hart und lange für einen relativ kargen und nie wirklich sicheren Lebensunterhalt arbeiten musste, dass für Beziehungs-Styling jenseits des gerade Normalen gar keine Zeit oder Kraft blieb. Außerdem war die soziale Kontrolle so wirksam, dass Ausbruchversuche meist in Tragödien endeten und buchstäblich kaum lohnten. Die gute Nachricht lautet: Wir sind nicht einfach nur ins Leere geworfen. Wir verfügen über Wissen, wir haben leichten Zugang zu noch mehr Wissen, wir leben in recht gut funktionierenden Strukturen. Wir haben die Voraussetzungen und das Handwerkszeug, um aus dieser Leere etwas Neues, Eigenes entstehen zu lassen. Noch dazu etwas, wonach wir uns immer gesehnt haben. Die schlechte Nachricht ist: Wir sind dazu verdammt, selbst die Gestalter, Designer, Stylisten unserer Liebesbeziehungen zu sein. Daher lohnt es sich, präzise wahrzunehmen, *wie* und *was* wir *wahrnehmen*. Insbesondere wie wir die Beziehungen wahrnehmen, die wir führen. Was haben wir aus uns und der Beziehung gemacht? Wie tauchen sie vor unserem inneren Auge auf? Wie erscheinen sie uns?

- Als etwas Zufälliges? Als nicht beeinflussbares Resultat des Zusammenwirkens von persönlicher Biographie plus Dauerbombardement mit Beziehungsangeboten plus gerade aktueller Erwartungen unserer Subkultur?
- Als von Angst bestimmt? Verbunden mit dem Preis der persönlichen Freiheit durch Unterwerfung unter einen nicht hinterfragbaren Verhaltenskodex irgendeiner Gruppe?
- Als der stümperhafte Versuch, uns aus beliebigen persönlichen und gesellschaftlichen Versatzstücken eine Beziehungsleitlinie zu basteln?
- Als kreative, forschende Einlassung auf das Abenteuer einer experimentellen Beziehungsgestaltung? Wissend, dass das leidenschaftliche Disziplin erfordert, es aber keine Erfolgsgarantien geben kann? Also das volle Risiko bei vollem Einsatz?

Betrachten wir zwei wichtige Aspekte von Beziehungen, nämlich ihre *äußere* und ihre *innere* Inszenierung. Die äußere, die öffentliche Inszenierung dessen, wie Menschen zueinander stehen, hat es naturgemäß schon immer gegeben. Mehr oder weniger bewusst gewählt ist sie bei jedem Paar, bei jeder Familie in ihrer Präsentation nach außen vorhanden. Denn aus welchen Gründen auch immer – soziale Akzeptanz, Karriere, Macht, Status, Geld – Beziehungen brauchen ein Image, das sich in die Leitbilder und Erwartungen ihrer Umgebung einfügt. Die Beziehungsinszenierung nach außen ist völlig legitim. Jede Beziehung muss eine Außenpräsentation entwerfen, auch als Rahmen für die Innenbeziehung. Wenn es allerdings dabei bleibt oder das Außenbild das Innenbild überwiegt – und das ist nichts Ungewöhnliches –, ist die Verbindung hohl, weil das Eigentliche fehlt. Denn mitunter beschränken die Partner ihr Beziehungs-Design nur auf die öffentliche Inszenierung. Was sich hinter der Fassade abspielt, ist den Umständen der eigenen Biografie überlassen. Das Image ist dann nicht mehr als eine gute Bühnennummer, die ihnen ihre Umwelt auch gerne und dankbar abkauft. Denn im Grunde interessiert sich im normalen Lebenskontext niemand wirklich für die Beziehung der anderen Menschen, sie gilt als deren Privatsache. Diese Bühnennummer kann möglicherweise in gewissem Maße gelingen, der Kontext der Spieler ist ihr gemeinsames Projekt. Gelingt es nicht, bleibt es bei einer brüchigen Fassade, und die Beteiligten leben in der ständigen Angst vor Demaskierung. Dieses Design ist meist nicht bewusst erstrebt, sondern entsteht automatisch im Sog gesellschaftlich geprägter Denk- und Verhaltensweisen und unter dem Druck der Regeln zur Akzeptanz.

Viel interessanter aber ist der Beziehungs-Welt-Innen-Raum. Der gesamte Inhalt kann entweder sich selbst überlassen oder aber wach und bewusst zelebriert werden. Wie steht es also um die innere Inszenierung? Was brauchen wir dafür? Der Gedanke, die Innenbeziehung bewusst entwerfen zu wollen, beinhaltet ein umfängliches Sortiment an Kompetenzen und an Bereitschaft – und erfordert Offenheit und herausfordernde Entwicklungsschritte, wie ich sie im Folgenden auflisten und reflektieren möchte:

- Wachheit und Aufmerksamkeit für die eigenen Emotionen, Verhaltensmuster, Wertmaßstabe, Glücksvorstellungen, die der persönlichen Biographie entspringen, und nicht mit ihnen identifiziert zu sein. Identifizierungen bemerken, bearbeiten, auflösen.

- Die aktuell etablierten und am Rande erscheinenden Angebote an Beziehungsmustern und –Formen zu kennen, aber an keines gebunden zu sein. Gemeint sind sowohl jene, die im Mainstream liegen, als auch jene, die sich in Minderheiten und Subkulturen vorfinden.

- Die Bereitschaft selbstverantwortlich zu wählen und zu entscheiden, wenn eines der Angebote so verlockend erscheint, dass es als Basis für den eigenen Beziehungsentwurf dienen soll, auch wenn wir es noch nie probiert haben.

- Sich Gefährten suchen, falls die Sehnsucht einer Beziehungswirklichkeit gilt, die noch gar nicht oder erst in Ansätzen in der Kultur auftaucht. Das bedeutet, auf der Basis energetischer, sexueller, auf gleichen Interessen gegründeter Anziehung nach passenden Menschen zu suchen, die die eigenen Ideen teilen oder sich davon begeistern lassen. Oder es entsteht mit anderen eine neue, gemeinsame Vision von Beziehung, die sich wach und verantwortlich an gemeinsamen Werten und Vorlieben orientiert.

Wer die innere Beziehung bewusst inszeniert, dem geht es nicht mehr so sehr darum, ob man sich heute dabei gut fühlt und morgen schlecht, denn es gibt etwas Größeres, für das wir uns einsetzen. Dann verschwindet das *Ich* im *Wir* der gemeinsamen Aufgabe.

Glück entsteht im gemeinsamen Prozess.
Der Weg ist das Ziel.

Wenn etwas nicht läuft wie erhofft, braucht niemand dafür ins Unrecht gesetzt zu werden. Die Partner sind in gemeinsamer Verantwortung aufgerufen, das Geschehene als Panne zu begreifen und als Ausgangspunkt für den nächsten Schritt zu nutzen. Die dazu nötige Bereitschaft und Fähigkeit, nicht in der Identifikation mit Emotionen, Wünschen und Sehnsüchten des Augenblicks zu versinken, ist jedoch etwas von absolut hohem Schwierigkeitsgrad. Es ist eine hohe Kunst. Hilfreich dafür ist, die jeweiligen direkten und indirekten Lebenszusammenhänge zu untersuchen, um sich im Klaren darüber zu sein, was die eigene Lebenswirklichkeit gerade beeinflusst. Das können Fragen sein wie diese:

Was bestimmt meine Arbeit?
Wie wohne ich?
Wen treffe ich wann und warum?
Welche Eindrücke und Erfahrungen bewegen die mir nahestehenden Menschen?
Was weiß ich von ihnen wirklich?

Wer über die Wallungen des Augenblicks hinausgehen will, den unterstützt auch mutiges konkretes Hinschauen auf das, was auf den ersten Blick zwar unveränderlich aussieht, sich auf den zweiten Blick aber als veränderbar herausstellt. Also das infrage zu stellen, was gerade ist. Und selbst wenn dieses Hinterfragen nur Nuancen betrachtet, aber zu minimalen Korrekturen und Veränderungen führt (beispielsweise der Arbeitszeiten oder der Schlafgewohnheiten), können dadurch unter Umständen bislang noch nicht zur Verfügung stehende Kräfte frei werden. Ein Netz von Freunden mit ähnlicher Vision halte ich persönlich für unabdingbar, um diesen experimentellen Weg auf Dauer gehen zu können. In ihm kann bedeutend mehr an Kraft und Kreativität für die Verwirklichung individueller Lebensentwürfe entstehen, als es in einer dauerhaften Außenseiterposition – sozusagen allein gegen die Welt – möglich ist. Dann können Liebesbeziehungen wunderschöne Spielarten werden und die das genießenden Mitspieler wirken aus der in das Netz eingebetteten Beziehung heraus und hinein in die Welt, von der sie jeweils ein Teil sind.

Die erwachsen gewordene Liebe mit ihrem bewussten Entwurf der Innenbeziehung ist auch ein Tanz auf dem Seil. Das ist wahr. Wir müssen das anerkennen. Aber: Sind konventionelle Beziehungsmodelle nicht auch riskant? Vor allem, wenn wir uns anschauen, welche davon wir als gelungen bezeichnen können? Meine Wahl jedenfalls ist eindeutig: Lieber ein bewusst und wach eingegangenes Experiment mit offenem Ausgang als ein normiertes Liebes-Leben, das sich bei nettem Plaudern mit dem Nachbarn übers Wetter und einem gelegentlichen häuslichen Orgasmus in sein dumpfes, unentrinnbares Schicksal ergibt.

„Wer nie anstößig war, hat auch nie Anstöße gegeben."
Reinhard K. Sprenger [x13]

Zuhören ist nicht dasselbe wie gehorchen

Ein Beispiel aus dem Leben: Karla und Edgar, beide Anfang Vierzig, waren seit zwölf Jahren ein Paar, als sie sich einen Therapeuten suchten. Der Anlass dafür war der „übliche niederschwellige Beziehungsknies, der sich nach einiger Zeit in jeder Beziehung einstellt“, wie sie übereinstimmend dazu sagten. Schnell wurde deutlich, dass sich beide um etwas betrogen fühlten, ohne es so richtig dingfest machen zu können. Auch ihr Überdruss dafür Schuldige zu suchen, wurde sichtbar. Sie wollten den Teufelskreis von offenen oder versteckten Vorwürfen, reaktiven Entkräftungen, Gegenvorwürfen, resigniert geäußerten Wünschen und Hoffnungen durchbrechen. Jetzt hatten sie sich in einem massiven Streit verfangen, ausgelöst durch Eifersucht.

„Wir mögen uns sehr und achten uns“, sagten beide über sich. Und es war zu spüren, dass das kein Lippenbekenntnis war. In ihrer Bereitschaft zum Wandel und zur Offenheit hatten sie vor einiger Zeit begonnen, sich über ihre individuellen und gesellschaftlichen Glaubenssätze in all ihrer Widersprüchlichkeit klarer zu werden: wie die Welt ist, was Beziehungen sind, was für sie beide gut und was nicht gut ist. Es war Karla gewesen, von der das Öffnen ihrer Beziehung für andere Liebespartner ausgegangen war. Als sich jedoch Edgar heftig in eine ihrer Freundinnen verliebte, erlebte sie sich Emotionen ausgeliefert, die wie naturgegeben in ihr auftauchten. Sie fühlte sich gedemütigt, verletzt, war voller Wut. Ein Teil von ihr wusste zwar noch immer um die Bedingtheit ihrer Wallungen, aber diese waren so stark, dass sie ihrem Mann wütend und lautstark vorwarf, was er ihr da antue! Dessen innerer, sich ertappt fühlender kleine Junge hatte empfangsbereite Antennen für diesen Vorwurf. Und im Nu gab es die beiden Erwachsenen nicht mehr, die sich bewusst und in Liebe auf ein Experiment eingelassen hatten. Stattdessen brüllten ihre beiden verängstigten, verletzten, zornigen, schuldigen inneren Kinder einander an. Im Gespräch mit dem Therapeuten legten sie die Dynamik frei, die Karla und Edgar so zusetzte: Je mehr *sie* ihre lästigen Gefühle loswerden wollte, desto mehr hinderte *er* sie reagierend daran – mit Erklärungen, Entschuldigungen, logischen Argumenten. Obwohl sie ihn gebeten hatte, einfach nur zuzuhören. Je häufiger das passierte, umso stärker machte sich das Gefühl ausweglosen aneinander Vorbeiredens, Bitterkeit und Scham in ihnen breit.

Kein Wunder. Von Kindesbeinen an haben wir gelernt zu reagieren, wenn von einem uns wichtigen Menschen der Vorwurf kam, er leide unseretwegen. Wir sind darauf trainiert, uns für das Wohlbefinden anderer zuständig zu fühlen und hören Vorwürfe immer vor diesem Hintergrund. Entweder tun wir dann, was andere direkt oder indirekt von uns fordern, unterwerfen uns also dem Diktat fremder Befindlichkeiten, oder wir schützen uns von vornherein, hören anderen nicht wirklich zu und lassen sie ins Leere laufen. Gefangen in der Formel „zuhören = gehorchen".

Nur zuzuhören und dann in liebevoller Bezogenheit unsere ureigene Antwort zu geben, haben wir einfach nicht gelernt. Aber wir können das nachholen.

Zuhören ist nicht das Synonym von Gehorchen. Meistens ist selbst in sehr heiklen Konfliktsituationen nicht mehr als eine Dosis ruhigen Selbstbewusstseins und eine Vertrauenserinnerung nötig, damit unsere überwältigenden Emotionen Raum und Ausdruck bekommen können. Wenn das geschehen darf, wenn emotionales Sein erlaubt ist, dann lösen sich viele Emotionsladungen auf, die anderenfalls zu aufreibenden Debatten führen würden. Das braucht Praxis: Weil sie äußerst hilfreich sind für solche Kipp-Momente, empfehle ich dir, liebe Leserin, lieber Leser, dich im *„aktiven Zuhören"* zu trainieren. Schau dir die Ausführungen und Übungen des US-amerikanischen Psychologen und Psychotherapeuten Carl Rogers an. „Seine von einem humanistischen Menschenbild geprägte Arbeit legt besonderen Wert auf Begegnung im vollmenschlichen Sinn, d. h. unter Einschluss der emotionalen Ebene, der nonverbalen Äußerungen und des gegenseitigen prinzipiellen Wohlwollens." Wikipedia formuliert das, was ich persönlich in der Arbeit von Carl Rogers außerordentlich erhellend und ergiebig finde. Ein Ausflug ins Internet lohnt sich.

Das vermeintliche Ende aller Anstrengung

Vorsicht: Die folgende Geschichte ist extrem. Dennoch berührt dieses Beispiel eines verbrämten Liebesbildes Sichtweisen und Erwartungen, wie sie sich in unbewusst gelebten Beziehungen überall finden lassen, wenn wir genau hinsehen. Ob wir das absurd finden oder nicht, das Beispiel ist nicht einfach abzutun, schon gar nicht, weil es sich um eines aus der Psychotherapie handelt.

> Ein Mann – Mitte 30 – war schon seit Jahren auf der Suche nach einer Frau, nach einer, die ihn bedingungslos liebt. Ohne Erfolg. Obwohl er sich alle Mühe gab attraktiv zu sein für seine Märchenfee. Auf die Frage des Psychotherapeuten, was er davon haben werde, wenn er diese Frau gefunden und erobert habe, wenn sie verheiratet und zusammen mit Kindern eine Familie seien, sagte er: „Dann kann ich endlich aufhören mit dieser Plackerei." Sie würde ihn lieben und mit allem versorgen, erklärte er weiter, vom Waschen seiner Wäsche bis zu romantischen Stunden mit aufregendem Sex.

Starker Tobak, das so zu hören, ohne Zweifel, nicht wahr? Werfen wir dennoch einen genaueren Blick in die Welt dieses Mannes, in der die Prämisse gilt: Ich muss eine Rolle spielen, auch wenn ich mich dazu überwinden muss. Nach erfolgreicher Jagd winkt als Trophäe, mit dem Getue aufhören zu können – endlich aufhören sich anzustrengen … Die Natur, die dann durchbricht, ist jedoch bequem und asozial, sie betrachtet die zukünftige Ehefrau als Basislager, als selbstverständliche Versorgungsstation, von der der Mann abhängig ist. Eine derartige Gedankenwelt bringt einen Menschen hervor, auf den – wen wundert's – sich kaum jemand beziehen möchte. In der Liebe schon gar nicht. Das Beispiel überzeichnet wie in einer Karikatur, was im Kontext der romantischen Verliebtheit normales Verhalten ist: Solange wir um jemanden werben, nehmen wir uns zusammen, machen uns attraktiv. Sind wir verliebt und wird das erwidert, geht das sogar meist noch wie von selbst. Das nährt die Hoffnung, uns in die Person verwandelt zu haben, von der wir immer geträumt haben. Verflacht die Verliebtheit, schleicht sich Ernüchterung ein. Wir werden langsam wieder zu der alten Person, die wir immer gewesen sind. Der Partner verhält sich genauso. Und wir wundern uns beide, wohin mit der Zeit die Attraktivität entschwindet, ergeben uns dem Schicksal eines langweiligen Nebeneinanderher-lebens oder wir flüchten in eine neue Verliebtheit mit einem neuen Menschen in einer neuen Attraktion. Der Sog von Serotonin, Endorphin und anderen Glückshormonen ist dabei stark und verlockend, aber nur bis zur nächsten Bauchlandung.

Dieses Konzept *kann* nicht funktionieren. Irgendwie weiß der Mann in obigem Beispiel das genauso wie die meisten anderen Menschen auch. Seine Beziehungs-Phantasien sind jedoch hartnäckig – und sie halten sich wider die millionenfache Evidenz der Realität. Die Schauspielerin Julia Roberts ist ja auch einfach eine hinreißende „Pretty Woman" und ihr Richard Gere ein zu gut aussehender und zu reicher Erfolgs-Mann, als dass wir diese Trugbilder und Hirngespinste hinter uns lassen könnten.

Oder können wir darüber hinausgehen?

Vergessen wir nicht: Hinter all dem aussichtslosen Sehnen nach der romantischen Verliebtheit steht die im Laufe der Kindheit gewachsene Überzeugung, besser sein zu müssen, anders sein zu müssen, und um zu gefallen und geliebt zu werden, reicht es nicht aus, wenn wir so sind, wie wir sind. Wir müssen so sein, wie wir denken, dass der andere uns haben will. Und das ist furchtbar anstrengend. Also: Wir sind *nur* dann lebendige, authentische Männer und Frauen – und genau *damit* attraktiv –, wenn das natürliche Kind in uns aus dem unendlichen Reservoir seiner Liebesfähigkeit, spielerischen Kreativität und sprießenden Schönheit schöpfen kann.

Bringen wir den Mut auf, uns anderen damit zuzumuten!

Möglichst wenig sozial maskiert, dafür mit umso mehr Feingefühl ausgestattet. Denn wir werden bei solchen Abenteuern unweigerlich in Sichtweite von missliebigen bis widerwärtigen Verkrustungen bislang unterdrückter Emotionen und Sehnsüchte kommen. Das fordert heraus, die eigene Angst anzuschauen und *da* sein zu lassen, sich dann mutig der Welt anzuvertrauen und zu schauen, was sie uns spiegelt. Der Lohn ist vielversprechend: nämlich bei weitem strahlender und attraktiver zu sein als all unsere künstlich antrainierten und konstruierten Verrenkungen es jemals bewirken können.

Achtung: Jedes System ist konservativ!

Menschen in Beziehungsnot klagen im Allgemeinen zuerst einmal darüber, was in ihrem Leben nicht klappt und wer oder was ihrer Meinung nach daran schuld ist. Gehen wir im Gespräch aber tiefer, werden unsere Sehnsüchte und Träume deutlich. Diese laufen letztlich alle darauf hinaus, dass wir als Menschen glücklich, geliebt, geborgen, anerkannt, wertgeschätzt, möglicherweise auch bewundert sein wollen. Meist sollen uns unsere *Liebes*-Beziehungen diese Träume erfüllen. Schauen wir dann noch genauer, entdecken wir nicht nur die Sehnsucht Liebe zu bekommen, sondern dass es uns mindestens genauso wichtig ist selbst lieben zu dürfen. Und nach Möglichkeit auch zu erfahren, dass unsere Liebe willkommen ist. Umgekehrt bemerken wir unsere eigene Bereitschaft, uns lieben zu lassen und dass wir damit jemandem eines der größten Geschenke machen, das wir einem anderen Menschen machen können.

Geliebt werden ist großartig!
Liebe annehmen ist großartig – und ein großes Geschenk!

Da gibt es also ein Wissen um die eigene Liebenswürdigkeit und Liebesfähigkeit. Und um die des Partners natürlich auch. Da *ist* guter Wille. Bei vielen Paaren zeigt er sich immer wieder in der Bereitschaft, in schwierigen Beziehungsphasen das Ruder herumzureißen, manchmal sogar ganz neu zu beginnen, nochmal von vorn anzufangen. Aber warum gelingt das so häufig nicht? Und warum ist das Ergebnis so oft für die Beteiligten nur eine Bestätigung, dass die Liebe und das Leben am Ende doch nur Enttäuschungen bereithalten? Nun ja, wir haben uns schließlich schon früh eine *Identität* zugelegt. Ein Gedankenkonstrukt darüber, wie und wer wir zu sein glauben, was uns ausmacht als Mensch. Eben diese Identität gestattet uns nicht, in der Liebe wirklich glücklich zu sein. Und dann entsteht mit den Jahren in uns eine neue Idee über uns. Es handelt sich um eine Art Bündnis aus Sehnsucht nach Erfüllung, der Gewissheit, dass authentischer leben zu können wirklich möglich ist, und gutem Willen. Dieses Bündnis wird zur Bedrohung für die ursprüngliche Identität, die uns dann rüttelt und schüttelt und an uns zerrt. Denn niemand stirbt gerne, auch nicht unsere Identität. Und eine gemeinsam gewebte Paar-Identität schon gar nicht. Dazu ein Beispiel:

Elke und Georg sind seit gut zwanzig Jahren verheiratet. Ja, als sie sich kennenlernten, da habe es schon eine „anfängliche Verliebtheit" gegeben, sagen sie. Aber das sei lange vorbei. Die Verliebtheit ist über die Jahre im Grau des Alltags versickert, und die beiden haben ein Beziehungsspiel erschaffen, in dem Streit die vorherrschende Art ist sich zu begegnen. So sehr, dass man sagen kann, Streit macht das Wesen ihrer Beziehung aus. Der folgende nacherzählte Dialog macht das deutlich: Es ist Montag um 6.45 Uhr, Elke hat sich schon vor einer halben Stunde aus dem Bett gequält, um für ihren Mann das Frühstuck zu richten. Sie steht in der Küche und ist einigermaßen gut gelaunt. Georg ist eine Viertelstunde nach ihr aufgestanden, hat sich geduscht, rasiert, angezogen, kommt in die Küche und sagt leicht brummig: „Ist der Kaffee fertig?" Elke reagiert gereizt: „Netter könntest du das wirklich nicht fragen." Worauf Georg unmittelbar reagiert und nachlegt: „Wohl wieder schlecht geschlafen?" Das macht Elke wütend, sie schnaubt „Du kannst mich mal!" und knallt die Küchentür hinter sich ins Schloss.

Was passiert da? Treffen sich da zwei Ungeheuer, die nur darauf aus sind, dem anderen das Leben schwer zu machen? Systemisch betrachtet haben Elke und Georg ein notwendiges Zeremoniell vollzogen, um *ihre Beziehung* am Leben zu erhalten! Unter heroisch anmutendem Verzicht auf ihr jeweiliges individuelles Glück. Elke und Georg sind Wesen mit einer jeweils eigenen Identität, genauso ist ihre Beziehung ein Wesen mit einer eigenen Identität. Diese Identität hat die Eheleute in der obigen Mini-Sequenz erfolgreich dazu gebracht, ihrer Beziehung einen weiteren Tag Leben zu schenken. Denn wenn sich in ihrem Miteinander etwas ändern würde, wäre es im Erleben der beiden Beteiligten nicht mehr *ihre* Beziehung. Es wäre nicht mehr *jenes* Domizil, in dem beide traumwandlerisch sicher um Handlungsabläufe, Tonfälle, Regieanweisungen, Stich- und Reizwörter wissen. Würden Elke und Georg plötzlich Liebe und Erfüllung erleben, würde *diese* Beziehung sterben. Wenn die beiden plötzlich ein anderes Spiel spielten, welches wäre das dann? Worum ginge es? Mit welchen Regeln? Schauen wir uns Elke und Georg an:

> Georg war beruflich bedingt eine Woche unterwegs gewesen, jetzt ist er mit dem Nachtzug nach Hause unterwegs. Es war das erste Mal seit langem, dass er und Elke sich nicht jeden Tag sahen. Georg hatte überrascht bemerkt, dass er seine Frau vermisste, hatte an die Zeit ihrer Verliebtheit gedacht, an das, was er früher einmal in ihr gesehen hatte. Wie schön sie es doch immer wieder miteinander hatten! Das war ihm genauso in den Sinn gekommen wie die unzähligen trostlosen Streits und Kämpfe. Bei diesen Gedanken war es ihm alles andere als gut gegangen und er hatte beschlossen: „Wenn ich nach Hause komme, wird alles anders." Ein Vorsatz, der ihn froh, optimistisch und liebevoll gestimmt hatte. Georg kauft nach seiner Nachtfahrt morgens am Bahnhof zwanzig langstielige, dunkelrote Rosen und macht sich auf den Weg nach Hause. Sein Herz klopft in Vorfreude. Er hat zwar einen Schlüssel dabei, klingelt aber, um seine Frau zu überraschen …

Was meinst du, liebe Leserin, lieber Leser, wie wird Elke reagieren? Bitte lege doch für einen Moment dieses Buch zur Seite und erfinde zwei oder drei Verhaltensvarianten für diese Ehefrau, deren Mann vor ihrer gemeinsamen Haustür steht, nach einer Woche Geschäftsreise, nach zahllosen Streits und verbalen Attacken, mit zwanzig roten Rosen im Arm. Okay? Zwei oder drei Varianten, wie Elke reagieren könnte …

… Du hast deine Antworten? Gut, dann kann es jetzt weitergehen. Wenn ich dieses Beispiel im Coaching oder in Seminaren nutze und diese Frage stelle, bekomme ich meist Antworten wie diese: „Irgendetwas stimmt da nicht!" oder „Der Kerl hat ein schlechtes

Gewissen, vielleicht ist er fremdgegangen!" Oder eine Breitseite perfider: „Das fällt ihm aber reichlich spät ein!" Was auch immer die reale Elke sagt, die Wahrscheinlichkeit ist hoch, dass sie bei ihrem Beziehungshintergrund den gutwilligen Aspekt in Georg nur schwer oder gar nicht sehen oder zulassen wird. Woraufhin sich der kleine Junge im Mann Georg enttäuscht, entmutigt, vielleicht sogar gedemütigt erfährt. Der erwachsene Mann Georg wird dann ebenfalls sehr schnell wieder in sein altes Sein zurückfallen. Entwickelt sich das Aufeinandertreffen in dieser Art, dann hat Georg – wieder aus systemischem Blickwinkel geschaut – mit seiner Initiative *diese* Beziehung bedroht, *dieses* Beziehungs-Wesen, wie es über die Jahre des Zusammenseins geworden ist. Elke hat *diese* Beziehung gerettet. Alles wird weiter seinen gewohnten Gang gehen. Leider.

Es gibt einen Weg aus der Sackgasse.

Wenn du, aus welchen Gründen auch immer, die bisherige Definition eines bestimmten Systems verändern willst, dann musst du dich unabhängig machen vom Verhalten der anderen Beteiligten. Du musst bei dem bleiben, was *dir* wichtig oder neu wichtig geworden ist, auch gegen abwehrende Reaktionen, die sich mit der Zeit möglicherweise noch steigern. Spinnen wir das Beispiel Elke und Georg – sehr vereinfacht – theoretisch weiter: Angenommen, der Mann Georg weiß, was er will, und er ahnt, dass sich auch seine Frau irgendwie Veränderung wünscht. Er kommt also am nächsten Abend wieder mit zwanzig Rosen. Die Wahrscheinlichkeit ist groß, dass Elke dieses Mal noch heftiger reagieren wird. Bleibt Georg beharrlich, kann es nach einigen weiteren Malen zu einer Krise kommen: Entweder die Frau trennt sich in selbstmörderischer Loyalität zum System *dieser* Beziehung von ihrem Mann („Der spinnt, das ist nicht mehr *mein* Mann!") und rettet so auf absurde Weise die Beziehung, die sie kennt und in der sie zuhause ist. Oder es kommt zum Ablösen vom Alten, zum Loslassen, was die Möglichkeit für Neues erschafft.

Im „Zwölf-Schritte-Programm“[12], einem beispielsweise für die Suchtbefreiung erfolgreich angewendeten Ansatz, heißt dieser Moment bezeichnenderweise Kapitulation, also die eigene Machtlosigkeit einzugestehen und aufzugeben, worin man bis dahin zuhause war. Wenn du also in deinem Liebes-Leben etwas änderst und auf immer stärkeren Widerstand stößt, je mehr du in deine neue Richtung gehst, dann erinnere dich daran, dass jedes System konservativ ist. *Es will sich selbst erhalten!* Dein widerspenstiger Partner will dir womöglich gar nichts Böses oder dir vielleicht überhaupt gar nichts vermiesen. Er will nur, so paradox das klingt, *eure* Beziehung retten!

Deshalb beherzige diesen Hinweis: Wenn du wirklich etwas ändern willst, musst du bei dem bleiben, was *dir* wichtig ist und voll in das Risiko gehen, damit zunächst nicht zu landen. Am einfachsten ist es natürlich, wenn sich Beziehungspartner gemeinsam auf eine Veränderung *geeinigt* haben, wenn sie die beschriebenen Systemeigenheiten kennen und bereit sind, sich gegenseitig beim Wort zu nehmen und daran erinnern zu lassen. Überdies: Sucht Euch Unterstützung, vielleicht habt ihr Freunde, mit denen ihr eine Art Coachingvertrag macht, die können dann helfen, euch nicht wieder vom bisherigen System einfangen zu lassen, wenn heftige Gefühle aufwallen. Diese Dynamik der rückfälligen Emotionen gilt für Individuen und alle Arten von sozialen Zusammenhängen: für Paare und Familien genauso wie für Arbeits-, Interessens- oder Bevölkerungsgruppen, für Unternehmen, Institutionen bis zu Nationen.

[12] Das Zwölf-Schritte-Programm – das spirituelle Programm der Anonymen Alkoholiker – wurde in den 1930er Jahren entwickelt. Einige der Schritte sind: ein Problem eingestehen; offen darüber sprechen; Hilfe annehmen und Wiedergutmachung bei angerichtetem Schaden. Nach diesem Vorbild haben sich zahlreiche Gruppen zu anderen Süchten und Problemen gebildet sowie Gruppen für Angehörige von Betroffenen, zum Beispiel Anonyme Schuldner und Kaufsüchtige, Anonyme Co-Abhängige, Overeaters Anonymous oder Sex Addicts Anonymous.

Symbiose – Die Vermeidung der Angst vor dem Tod

Immer wieder klopfen bei Psychotherapeuten Menschen an, die nicht leben wollen, weil … sie irgendwann sterben müssen. Es hat sowieso ein Ende, sagen sie, da macht es keinen Sinn zu leben. Im extremsten Fall machen sie damit tatsächlich Ernst und mit sich und ihrem Leben Schluss! Exotisch? Absurd? Nun, in vielen der so genannten ganz normalen Liebesbeziehungen finden wir oft etwas Ähnliches: Entweder beenden Menschen bewusst oder in unbewusster Inszenierung *vorzeitig* ihre Liebesbeziehungen. Sie wollen der Möglichkeit *zuvorkommen*, verlassen zu werden. Oder sie lassen sich gar nicht erst ganz in eine Liebe hineinfallen, weil sie Angst vor dem Schmerz haben, wenn die Beziehung einmal zu Ende geht. Was im physischen Sinne spätestens dann der Fall ist, wenn der Partner stirbt. Der implizite Glaubenssatz darin heißt: „Wenn wir etwas zurückhalten, dann behalten wir wenigstens auch etwas, wenn der Partner uns verlässt." Zugrunde liegt dem der Gedanke, dass wir im Verlauf einer Liebesbeziehung als einzelnes Wesen zunehmend zu existieren aufhören und nur noch lebens- und glücksfähig sind als ein Teil eines *Wir*. Dieses Wir haben zwei Individuen zusammenfügt, sodass sich das Paar fast wie *eine* Person fühlt. Die Angst vor dem Ende einer Liebesbeziehung wird somit zur Angst vor dem Sterben, dem Sterben *dieser* einen Person.

Man spricht von einer symbiotischen Beziehung.

Wenn die Wirklichkeit von Liebesbeziehungen unter Erwachsenen auf Besitz gründet, ist Symbiose das normale Ergebnis. Jede Liebesbeziehung, die nicht *offen* damit lebt, dass sie *jederzeit* zu Ende gehen kann und *darf*, *ist* von ihrer Struktur her eine symbiotische Beziehung. Solange wir unsere Angst vor dem Sterben nicht zu uns nehmen und daran arbeiten, die Gewissheit des Todes zu einem selbstverständlichen Teil unseres Lebens werden zu lassen, können wir nicht erwachsen leben – und lieben! Uns mit der eigenen Endlichkeit und der Vergänglichkeit unserer Liebsten zu beschäftigen, den Tod in unser Leben zu holen und der damit einhergehenden Angst behutsam zu begegnen, öffnet uns nicht nur Türen, es öffnet uns Tore! Wie sich genau diese Herausforderung konkret darstellen und zu welcher Irritation sie führen kann, zeigt eine Momentaufnahme aus meinem Leben:

> Ich war Mitte 30, ich erinnere mich genau, diese Szene habe ich noch klar vor Augen. Mit meiner Frau war ich auf dem Rückweg von einem Seminar. Es ging in dieser Ausbildungsreihe um Persönlichkeitsentwicklung und Kommunikation, deutlich und erlebbar gemacht anhand von Alltagssituationen und vielen Facetten des täglichen Lebens. Damals waren wir junge Eltern, hatten uns zwei Jahre zuvor in einem Cohousing-Projekt eine Eigentumswohnung gekauft, wir hatten Verantwortung übernommen für zwei Kinder, für das Cohousing-Zusammenleben und für Haus und Gelände. Jetzt auf dem Heimweg nach diesem Seminarabend sprachen wir über das Paar-Sein, das Sich-aufeinander-verlassen-können, Liebe, Abhängigkeit, Trennung und einiges mehr. Und plötzlich, in den Kurven des „Höchster Rondells" im hessischen Odenwald, traf mich die Einsicht wie ein Schock: Wenn Trennung nicht die ständige, gelebte Möglichkeit des Lebens ist, *kann* es nicht Liebe sein, sondern nur Abhängigkeit. Ich war verwirrt, beängstigt, erschüttert, alles in einem. Wie soll das gehen? Worauf soll man sich dann noch verlassen können? Wie lebt man ein Leben, in dem es um Liebe und Verantwortlichkeit gehen soll, wenn Trennung *jederzeit* eine *absolut* reale Möglichkeit ist?

Den Tod zu thematisieren, die Furcht vor der eigenen Sterblichkeit fühlend auszuloten in der individuell richtigen Intensität, und darauf basierend Wachstumsschritte zu erleben, das erfordert Bewusstsein, Mut und Beharrlichkeit. Unter Umständen zwingt uns das Leben dazu, ob wir wollen oder nicht. Wie heftig das sein kann und wie nachvollziehbar, dass ein Mensch seine Liebesfähigkeit verlieren kann aus Angst vor dem Verlust des geliebten Menschen, zeigt das folgende Beispiel aus der psychotherapeutischen Praxis meines Freundes Karl Geck. Er arbeitete mit einem Ehepaar, das zwei Kinder verloren hatte:

> Eines der Kinder war im Alter von sechs Jahren bei einem Unfall gestorben, das andere am so genannten plötzlichen Kindstod[13], als es sechs Monate alt war. Danach hatte das Ehepaar ein weiteres Kind bekommen. Doch die Frau konnte es einfach nicht lieben, was sie als entsetzlich und völlig unverständlich empfand. Das Wesentliche wurde schnell deutlich: Der Schmerz über den Verlust der Kinder war abgrundtief und die innere Existenz bedrohend. Die beiden Eltern hatten sich zwar gegenseitig getröstet, aber für all das, was auftauchte, hatten sie keinen inneren und äußeren Raum der Verarbeitung. Sie hatten sich dem Schmerz nicht ganz öffnen können, waren irgendwo steckengeblieben ohne Abschluss der Trauer. In bester Absicht hatte das Unbewusste der Mutter dafür gesorgt, dass sich die Katastrophe nicht noch einmal wiederholt. Es verhinderte Nähe und Liebe zu dem jüngsten Kind, als wolle es sagen: *„Wenn ich es nicht liebe, kann ich auch nicht verletzt werden, wenn es mich verlässt."* Im Verlauf der Psychotherapie wurde zweierlei deutlich: Das Paar hatte bisher nicht wirklich getrauert, sondern war *versteinert,* und beide hatten sich gegenseitig vor dem Erleben des Schreckens *geschützt.* Ganz behutsam begannen sie jetzt, sich all den zurückgehaltenen Gefühlen, Erfahrungen und Schlussfolgerungen zu öffnen und miteinander darüber zu sprechen. So gelang es ihnen allmählich, aus der Starre wieder in den Fluss des Lebens zu gelangen.

13 „Der plötzliche Kindstod (im englischsprachigen Raum SIDS: sudden infant death syndrom) bezeichnet den unerwarteten Tod eines Säuglings, bei dem die Todesursache weder anhand der Vorgeschichte noch durch gründliche Untersuchung bei der Obduktion festgestellt werden kann", informiert die Elterninitiative „Plötzlicher Kindstod" auf ihrer Webseite (www.ploetzlicher-kindstod.org). Neue wissenschaftliche Erkenntnisse aus Neuseeland verhindern den plötzlichen Kindstod angeblich zuverlässig.

Hinzu kam noch etwas Außergewöhnliches: Beide Partner begannen sich mit der Tatsache auseinanderzusetzen, dass Liebe nicht ein *Ding* ist, das man bei dem geliebten Menschen deponiert. Dass Liebe kein Ding ist, das dieser mit sich fort nimmt, wenn er sich aus irgendwelchen Gründen aus unserem Leben verabschiedet. Und dass wir deshalb nicht mit einem Loch zurückbleiben, das nie mehr gefüllt werden kann. Bei einem Nachgespräch, längere Zeit nach Ende der Paargespräche, war es für den Therapeuten wunderschön zu sehen, wie die beiden Eltern innerlich gewachsen waren. Ein viertes Kind war dazu gekommen, beiden lebenden Kindern ging es prächtig. Die Frau erzählte, ihr habe sich die Möglichkeit einer liebenden Beziehung zu ihrem Mann und ihren Kindern eröffnet, von der sie früher nicht einmal gewagt habe zu träumen. Sie habe gelernt so zu leben, dass nichts Wichtiges auf morgen oder auf irgendwann verschoben werde. Dadurch habe sie im Umgang mit Vergänglichkeit eine Leichtigkeit gewonnen, die sie immer wieder überaus erstaune.

Diese beiden Erwachsenen waren mutig genug, sich begleiten zu lassen und sich füreinander zu öffnen mit aller Trauer, allem Schmerz und allen Risiken. Sie erreichten in ihrer Liebesbeziehung etwas nicht Alltägliches: Sich miteinander auf das Abenteuer einlassen zu können, die Angst vor dem Tod nicht mehr zu vermeiden und Liebe als etwas Unbegrenztes zu betrachten, das jederzeit in einem selbst und um uns herum vorhanden ist. Etwas, das man frei schenken und mit dem man sich frei beschenken lassen kann in dem wachen Wissen darum, dass dies vielleicht schon im nächsten Augenblick nicht mehr möglich ist.

Der innere Erwachsene – das innere Kind – und die Emotion

Wie könnten wirklich *erwachsene* Liebesbeziehungen aussehen? Verbindungen, in denen sich Menschen so aufeinander beziehen, dass Faszination und Bewunderung immer wieder aus sich selbst entstehen? Wir müssen sie *erfinden*, diese Liebes-Beziehungen, wenn wir sie leben wollen. Es gibt sie noch nicht, zumindest nicht im Sinne eines verbreiteten Lebenskonzeptes, eines gesellschaftlich als normal akzeptierten Lebensentwurfs. Und es gibt sie doch, diese erwachsenen Liebesbeziehungen. Wer genauer hinschaut, kann Paare treffen, die schon Erhebliches an Strecke zurückgelegt haben auf diesem Weg.

Wir müssen erwachsene Liebesbeziehungen neu erfinden!
Liebe ist ein Prozess, kein Zustand.
Jetzt und Jetzt und Jetzt.

Wenn wir erwachsen lieben wollen, erwarten uns nicht zwangsläufig Blut, Schweiß und Tränen. Aber Herausforderung, Engagement und entschlossenes Dranbleiben braucht es allemal. Allein und zusammen mit dem oder den geliebten Menschen. Es ist wohl Arbeit von der Art, die nie aufhört und die uns bis ans Ende unseres Lebens begleiten wird. Weil es nicht um einen Zustand geht, den es zu erreichen gilt und der dann, sind wir einmal dort angekommen, dauerhaft anhält, sondern weil es ein fortlaufender *Prozess* ist. Man könnte es auch Bewusstsein nennen. Oder Wach-Sein. Oder Gegenwärtigkeit. Damit sind wir wagemutig im Kern aller großen Weisheiten angelangt, und zwar im Zentrum allen spirituellen Bemühens: dem Ego und seiner verbiesterten Rechthaberei durch Bewusstsein Einhalt zu gebieten, sich von der geronnenen kindlichen Weltsicht mit ihren einschränkenden Glaubenssätzen zu verabschieden. Zumindest zeitweise, immer wieder. Aha, die erwachsene Liebe ist also doch was für Erleuchtete! Ja, warum nicht? Ja, weil auch Erleuchtung ein immerwährender *Prozess* zu sein scheint und kein endgültiger *Zustand*. Aber auch nein, weil es ‚nur' um die Bereitschaft und die Entschlossenheit geht, das *Ich* als konstruierte Identität freiwillig nach hinten treten und immer wieder sterben zu lassen.

Dafür ist das Gedankenmodell des „inneren Kindes" und des „inneren Erwachsenen" hilfreich. Das innere Kind ist jenes ursprüngliche Wesen, als das wir auf die Welt gekommen sind, auch wenn uns meist zunächst das *verletzte* innere Kind begegnet, wenn wir uns nach innen begeben. Das ursprüngliche, in aller Regel verschüttete Wesen aber ist ein ursprünglich strahlendes Wunder, das sich mit dem Geborenwerden in jäher Abhängigkeit vorfindet und, auf sich allein gestellt, zum Sterben verurteilt wäre. Gleichzeitig ist es berauscht vom großen Geheimnis Leben! Wie jedes reale kleine Kind braucht auch das innere Kind unbedingt ein verlässliches und weltklügeres Gegenüber. Der „innere Erwachsene" ist jener gewachsene Persönlichkeitsanteil, der Lebenserfahrung hat, der abstrakte Gedanken denken, logische Zusammenhänge herstellen, sich ethische Werthaltungen erschaffen, der Visionen haben, etwas bewirken und gleichzeitig dienen kann. Er war ursprünglich selbst Teil des Wunderwesens in seiner Ganzheit, wurde aber zu etwas Eigenem, vom strahlenden inneren Kind Getrenntes, und hat es inzwischen sogar vergessen. Meist trägt unser innerer Erwachsener zwar einigermaßen wirksam Sorge dafür, dass unsere äußere Stabilität und Kontinuität gesichert ist. Emotionales ist ihm jedoch meist unheimlich. Wenn es um grundlegende Gefühle geht, vor allem in der Liebe, zieht er sich oft zurück und überlässt dem verletzten inneren Kind in uns das Feld. Dieses ist dann im Stich gelassen, allein mit einer Situation, die es überfordert und so geht es unter in archaischem, destruktivem Aufwallen der Emotionen.

Wenn Menschen in ihren Liebesbeziehungen ihre unerlöste Kindheit leben und ihre verletzten inneren Kinder agieren lassen, dann erstaunt es nicht, dass diese Beziehungen oft so unwürdig und kleingeistig scheinen, so voll von Leiden und Groll. Es erstaunt auch nicht, dass die ursprüngliche Wesensart des inneren Kindes – nämlich Liebe, Kreativität, Freude, Verspieltheit – sauer geworden ist und sich in die Gewissheit gewandelt hat, vom Leben und vom Partner sowieso wieder enttäuscht zu werden. Eine Gewissheit, die ständig auf Abruf bereit liegt. Als Kinder brauchen wir es, uns gesehen, gehört, bewundert zu fühlen. Das lässt uns in jener Energie baden, aus der Selbstachtung, Selbstgewissheit, Kraft, Mut und Selbstwirksamkeit erblühen. Viele von uns haben das nicht oder nicht ausreichend vorgefunden. Die in vielen Masken auftretende Resignation, die die Basis der meisten Dauerbeziehungen ausmacht, ist daher kaum verwunderlich. Der Ausweg besteht nunmehr darin, dass sich der innere Erwachsene auf seine eigentliche Aufgabe besinnt. Dass er sich Unterstützung holt, um seinen Job ganz zu machen. Psychotherapie und Humanistische Psychologie haben praktisches Handwerkszeug entwickelt, mit dem der innere Erwachsene seine *unverschuldeten* Defizite aufholen kann. Geschieht das, kann es zu einer Integration, zu Versöhnung und gegenseitiger Befruchtung kommen zwischen der Welt der Ewigkeit und des Augenblicks, dem Reich des Kindes und der Welt der Zeit als dem Reich des Erwachsenen.

Es gibt manifeste Gelegenheiten für Wunder.

Hans und Marlies lieben sich. Sie ist verheiratet und hat Familie. Er ist Vater, aber von der Mutter seiner Kinder getrennt. Hans und Marlies sehen sich nur gelegentlich, begleiten aber ihr jeweiliges Alltagsleben intensiv. Hans kam mit wühlender Enttäuschung im Bauch zu Karl Geck[14] in die Therapiesitzung. Durch sich überschneidende Reisen hatten Marlies und Hans sechs Wochen keinen Kontakt mehr gehabt, für ihn war ihre innere Präsenz immer schemenhafter geworden. Sehnsuchtsvoll hatte er sie angerufen, nachdem sie gerade von ihrer Reise zurück war. Obwohl er in dem Telefonat mitbekommen hatte, dass sie sich in Bergen von Arbeiten

[14] Zur Erinnerung: Karl Geck ist – wie am Anfang dieses Buches in „Anerkennung“ zu lesen – Autor von „Erwachsen werden in Liebesdingen“

und Pflichten fast erdrückt fühlte, war er betroffen, weil er sie in diesem ersten Gespräch so zurückhaltend empfand. Nach dem Telefonat hatte er sich frustriert, unsicher und unruhig gefühlt – das Karussell hatte sich zu drehen begonnen. Der Psychotherapeut nutzte das Konzept vom „inneren Erwachsenen“ und „inneren Kind“. Der kleine Junge in Hans sollte Gelegenheit bekommen, sich vernehmlich zu machen und sicher zu sein, dass er gehört, gesehen und gefühlt wird. Für das „innere Kind“ ist es ein Wagnis, sich im Vertrauen auf die Verlässlichkeit der Beziehung ungefiltert und unzensiert zu zeigen. Sich in seiner Hilflosigkeit und Angst zu offenbaren, allen Gefühlen, Spekulationen und Schlussfolgerungen Raum zu geben und sie auszusprechen, das erfordert Mut. Vor allem die, die „blöd“ oder „böse“ sein könnten. Der erwachsene Hans war bereit, sich auf das Experiment einzulassen. Mit der Hilfe des Therapeuten ergab sich folgender Dialog zwischen „innerem Erwachsenen“ und „innerem Kind“:

Innerer Erwachsener: „Erzähle mir bitte, was dich bedrückt. Ich höre dir zu.“

Inneres Kind: „Ich bin sauer auf sie, weil sie so kurz angebunden war. Sie liebt mich nicht mehr. Jetzt habe ich auch keine Lust mehr! Soll sie doch zusehen, ob sie mich noch mal trifft oder nicht!“

Innerer Erwachsener: „Ja, das ist okay. Ich höre, dass du enttäuscht bist und nicht weißt, was du machen sollst. Und ich kriege auch mit, dass du jetzt viel Liebe brauchst.“

Inneres Kind: „Bin ich denn nicht schlecht, wenn ich so was denke? Verdiene ich nicht, dass sie mich nicht mehr mag?“

Innerer Erwachsener: „Nein, mach dir keine Sorgen, du bist in Ordnung. Ich sehe, dass Marlies im Moment einfach nicht anders kann. Und ich weiß von ihr, dass sie gerade viel um die Ohren hat und ihr die Dinge nicht leicht fallen. Sie hat auch ein kleines Mädchen in sich, wie ich dich als meinen kleinen Jungen in mir habe. Und das ist sicher auch gerade enttäuscht. Vielleicht führen die beiden auch jetzt ein ähnliches Gespräch wie wir."

Inneres Kind: „Ich will aber mit ihr zusammen sein!"

Innerer Erwachsener: „Ja, das weiß ich. Und es ist so: Was du dir wünschst, kannst du von ihr gerade nicht bekommen. Ich fühle mit dir und mache dir einen Vorschlag, was wir zwei jetzt machen könnten: Vielleicht könnte ja *ich* dir etwas geben. Denn ich liebe dich absolut. Du kannst dich darauf verlassen, dass ich dich beschützen werde. Kannst du das hören?"

Inneres Kind: „Es fällt mir schwer darauf zu verzichten, dass ich es nicht so haben kann, wie ich es will. Aber vielleicht ist das ja auch ganz schön, was du mir anbietest. Ich glaube, ich kann auch damit zufrieden sein. Ein bisschen traurig bin ich aber trotzdem noch. Darf ich das, oder denkst du dann, ich bin undankbar?"

Innerer Erwachsener: „Das denke ich nicht. Und dass du noch traurig bist, verstehe ich auch."

Inneres Kind: „Ich brauche noch etwas anderes von dir. Ein Versprechen. Weißt du, ich möchte wirklich häufiger mit Marlies zusammen sein. Ich will mit ihr spielen und tanzen und schmusen und Sex erleben. Wenn ich mich da alleine drum kümmern muss, dann bin ich überfordert, dann krieg ich Angst oder werde plump, und dann erreiche ich meistens genau das Gegenteil von dem, was ich will. Deshalb bitte ich dich, dass du mit ihr zusammen dafür sorgst, dass solche Missverständnisse nicht so häufig vorkommen. Ich will mich auf deine Stärke und deine liebevolle Bereitschaft und Entschlossenheit verlassen. Okay?"

Innerer Erwachsener: „Okay! Darauf kannst du dich verlassen. Garantiert!"

Dass sich der innere Erwachsene auf seine Aufgabe besinnt, mag mitunter anstrengend sein, vielleicht sogar als harte Arbeit empfunden werden. Wir müssen uns als Erwachsene immer wieder aufraffen und weitermachen mit dem Rudern gegen die Es-ist-halt-so-Strömung der Resignation. Denn eins lässt sich nicht ändern, Fakt ist: Die Zeit unserer realen Kindheit ist unwiderruflich zu Ende gegangen. Unsere Eltern waren, wie sie waren, sie haben ihr Bestes gegeben. Auch wenn uns dieses und jenes nicht gepasst hat damals und vielleicht heute noch immer nicht passt, wir in irgendeinem Winkel unserer Seele immer noch hoffen, diese Eltern mögen doch bitte diese vollkommenen Wesen sein, die wir als Kinder gebraucht hätten. Unsere Liebespartner in unserer Erwachsenenwelt, auch das ist eine ganz einfache Wahrheit, befinden sich in der gleichen Situation wie wir selbst. Sie werden uns deshalb nie das geben können, was wir damals gebraucht hätten, als wir Kinder waren.

Eigene Bedürftigkeit schließt bedingungsloses Handeln aus.

Ohnehin *darf* es nicht die Aufgabe unserer Geliebten sein, unsere Wunden zu lecken und unsere Mama oder unseren Papa von damals zu spielen. Diese Art von Spiel ist der Anfang vom Ende erwachsener Liebe, es sei denn, die Partner nehmen diese Rollen hin und wieder bewusst und entschieden füreinander ein.

Was folgt daraus? Zweierlei: Entweder wir verbringen unser Leben auf der Suche nach dem verlorenen Paradies oder wir geben endgültig und ohne Einschränkungen die Hoffnung auf eine bessere Vergangenheit auf. Dann bleibt nur noch *eine* Person, *ein* Erwachsener übrig, der das innere Kind bedingungslos lieben und ihm gleichzeitig notwendige Grenze sein kann. *Eine* einzige

Person, die ihm demütig und stolz dient und sich von ihm aus seiner Überfülle beschenken lässt: *du selbst!*

„Bedingungslose Liebe ist eine unserer tiefsten Sehnsüchte,
nicht nur bei Kindern, sondern bei allen Menschen."
(Erich Fromm)[x14]

Zeit für Zwei – Darf's ein bisschen mehr sein?

Je mehr Zeit Liebespartner miteinander verbringen, desto erfullter sind sie. Je weniger Zeit sie miteinander verbringen, desto größer wird die gegenseitige Anziehung. Stimmt das? Nein, es gibt keinen Kausalzusammenhang zwischen dem Maß an Erfüllung, Freude und Lebendigkeit einer Beziehung und der Menge an Zeit, die Liebespartner körperlich miteinander verbringen. Zeit als etwas Quantitatives ist in einer Liebesbeziehung von nachrangiger Bedeutung. Dennoch weiß ich aus eigener Erfahrung und aus vielen Gesprächen, dass wir als normale, unvollkommene Menschen doch ein bestimmtes Maß an ungestörtem körperlichem Miteinandersein brauchen – *Qualitätszeiten* –, um diese Beziehung zu leben und die ihr innewohnende Vision zu erhalten. Auch dann, wenn den Partnern bewusst ist, dass sie einander nicht brauchen, um ganze und erfüllte Menschen zu sein. Zumal sich die meisten Beziehungen nach folgendem Muster entwickeln: Man lernt sich kennen, gefällt sich, verbringt Zeit miteinander. Das erleben die Beteiligten als so schön, dass sie mehr davon haben möchten. Irgendwann gerinnt dieses Erleben zu einem abzusichernden Besitzstand mit einklagbaren Rechten und Pflichten. Dass der Partner zur Verfügung steht, ist selbstverständlich geworden, auch wenn viele Paare das vehement abstreiten.

Liebe braucht eine Menge Qualitätszeit(en).

Das institutionalisierte gemeinsame Verbringen von Zeit verändert die Beziehung: Die Begeisterung wird geringer oder schwindet. Zuerst tauchen kurze, noch kaum registrierte Momente von Unzufriedenheit auf. Aber im Lauf der Zeit werden Unzufriedenheit und Unstimmigkeit größer und suchen sich ihren Weg an die Oberfläche. Sichtbar werden sie in unterschiedlichsten Reaktionen: von Genervtsein bis zu dauerndem Nörgeln, von Nebeneinanderher-leben bis zum Rückzug in die Psychosomatik. Beide Partner fühlen sich dann um etwas betrogen. Eine solche

Beziehungsdynamik wird oft durch eine illusionäre Hoffnung aufrechterhalten: Wenn man nur nicht nachlässt in der miteinander verbrachten Zeit, diese sogar noch ausdehnt, dann blühen Erfüllung und Begeisterung irgendwann wieder auf wie die Veilchen im Frühjahr. In solchen Strukturen wachen die Beteiligten meistens eifersüchtig darüber, dass das ihnen zustehende Quantum an Zeit auch wirklich geliefert wird – wenigstens *das*, wenn schon kein voller Kontakt zu haben ist, keine echte Erfüllung. Zeit wird in solchen Beziehungs-Arrangements zur Ersatzwährung, zu etwas Dinghaftem.

Zeit ersetzt nicht den echten Kontakt.

Ein zweifelhafter Ausweg besteht darin, das Ganze nüchtern als Naturgesetz zu betrachten. Dann kann sich die Beziehung nach dem Abklingen der Verliebtheit in eine offen deklarierte Gemeinschaft zweier Menschen wandeln, die sich achten. Ihr auf schöne Erinnerungen gegründetes Vertrauen kann in eine Beziehung einfließen, die jeden der Partner darin unterstützt, die eigene Lebensvision zu leben – unabhängig von wechselseitig zur Verfügung gestellter Zeit. Bei dieser Wandlung tritt die Möglichkeit gemeinsam gelebter Ekstase und Erfüllung zurück zugunsten einer kontinuierlichen, strukturell abgesicherten Gewissheit, dass es einen Partner gibt und dieser auch wirklich da ist. Leider funktioniert dieser Weg nur in Ausnahmefällen. Denn meistens gelingt es nicht, die Sehnsucht nach gemeinsamer Ekstase und Erfüllung wirklich zu transformieren und sie auf andere Weise zu leben. Schon das ehrliche Anschauen und Verabschieden dessen, was Zeit in ihrer Beziehung bedeutet, nämlich etwas rein Quantitatives, lässt die meisten Paare scheitern. Schließlich ist genau das die gültige Grundlage ihres Beziehungssystems. Könnten wir das Phänomen *Zeit* auch anders verstehen? Als etwas Nicht-Quantitatives? Dann berühren wir sofort die spirituelle Dimension von Zeit, denn die Voraussetzungen dafür scheinen zu sein, dass wir nicht mehr kontrollieren wollen und die grundsätzliche Bereitschaft haben,

Vertrautes und Unverzichtbares in Hingabe sterben zu lassen. Immer wieder. Dann trüge jeder Moment das ganze Leben in sich wie in einem Hologramm. In sich selbst vollkommen, ohne eine bestimmte Vergangenheit erlösen oder eine bestimmte Zukunft beschwören zu müssen. Wir könnten dann die heutige Wirklichkeit unserer Liebesbeziehungen natürlich nicht mehr als Zwischenetappe auf dem Weg zu einem Zustand begreifen, in dem die Beziehung dann endlich so ist, wie sie sein sollte. Wir dürften sie auch nicht mit einem idealisierten Anfangszustand vergleichen und uns danach zurücksehnen, dass es doch „wieder so werden soll wie damals". Uns wäre klar, dass wir uns ohnehin nicht an das wirklich Geschehene erinnern, sondern an das, was wir darüber *gedacht* und darin *erlebt* haben. Denn wir erinnern unsere Interpretationen und Emotionen. Das, was war, verstünden wir daher als eine *Geschichte*, die wir auch anders schreiben könnten, wenn wir wollten. Unsere Vergangenheit wäre vergangen, sie hätte mit unserer *Gegenwart* nichts zu tun. Wir könnten sie nüchtern betrachten und daraus lernen, ohne zu leiden. Sie wäre dann Sockel für unseren Sprung in das Jetzt! Der nächste Schritt wäre nicht unbedingt die logische Folge des vorhergehenden. Er wäre auch nicht final orientiert, sondern wir würden von Augenblick zu Augenblick springen. Die Umstände des Lebens erschienen dann als Teil der Geschichte, die wir gerade erzählen. Liebesbeziehungen dürften dann jederzeit ihre Form ändern und wären doch natürlicher Teil einer größeren Kontinuität. Wir gäben jeden Versuch auf, sie auf Dauer anzulegen, lebten jeden Moment in seiner nur ihm gehörenden Würde und Vollständigkeit, könnten jede Veränderung bejahen, in der sich die Beziehung ausdrückt und neu formt. Wir lebten eine Freiheit, in der nichts sein *muss* und deshalb alles sein *kann*.

Zugegeben, das klingt sehr philosophisch,
aber offensichtlich führen alle Wege NICHT nach Rom …
… sondern direkt ins Jetzt!

Rückhaltlose Ehrlichkeit

Um eine Liebesbeziehung in Freiheit, Vertrauen, Würde und Ekstase zu leben, müssen wir bereit sein, rückhaltlose Ehrlichkeit uns selbst und dem Partner gegenüber zu riskieren. Das bedeutet *transparent* zu sprechen über Gedanken, Impulse, Motive, Visionen, Gefühle, Werturteile, Wünsche. Ganz im Vertrauen, einem ebenso rückhaltlosen und liebevollen Mitgefühl zu begegnen, können wir uns wirklich von Person zu Person nur begegnen, wenn wir füreinander ganz nackt sind. Das bedeutet nicht, meinem Gegenüber in jedem Moment *alles* mitteilen zu *müssen*, um nicht unehrlich zu sein. Rückhaltlose Ehrlichkeit ist kein Verhalten, sondern eine *Haltung*!

Transparenz hat wenig mit der Menge und der Brisanz mitgeteilter Inhalte zu tun, aber viel mit Herzöffnung und der Bereitschaft, andere in *mein* Universum hineinschauen zu lassen. Hier ein geeignetes Kriterium für deine Praxis: Immer, wenn du Angst hast etwas auszusprechen, ist es mit hoher Wahrscheinlichkeit so wichtig, dass du es aussprechen solltest – sofern dir die Verbindung zum betreffenden Menschen am Herzen liegt. Dafür sind eine bejahende Haltung zum Leben, der Mut zu deiner Authentizität und dein Vertrauen förderlich, dass in jeder Auseinandersetzung die Liebe bei allen Beteiligten das letzte Wort haben wird. Ohne Garantie natürlich, aber ein solcher Bezugsrahmen transformiert Liebesbeziehungen, in denen die Partner stets ein bisschen auf der Hut voreinander sind. Und das, glaube ich, kennen wir alle gut.

Wir sind jeder ein Wunder in immer wieder neuer Form …
Die Liebe soll stets das letzte Wort haben …

Rückhaltlose Ehrlichkeit ist dann Grundvoraussetzung und gleichzeitig Selbstverständlichkeit, auch wenn in einem bestimmten Blickwinkel *nichts* selbstverständlich ist, nämlich in dem, dass wir im Leben nie etwas vorwegnehmen können. Alles aber, was da ist, *darf* im Mitgeteilten auftauchen und muss es nicht. Ehrlichkeit ist dann nicht so sehr eine Eigenschaft des Individuums, sondern Ausdruck einer Bezogenheit aufeinander, einer gemeinsam entwickelten Intuition und eines Gefühls dafür, wie das Erzählte vom Gegenüber wahrscheinlich aufgenommen wird. Rückhaltlose Ehrlichkeit ist ein Seinszustand, den man trainieren kann. Dazu eignen sich alle Ansätze und Methoden, die persönlichkeitsbildend wirken, die Wahrnehmung und Kommunikation verfeinern. Auf einige verweise ich im Kapitel „Handwerkliches“.

Vereinbarungen und Deklarationen

Soll eine Beziehung nicht dem – mehr oder weniger willkürlichen – Zusammenwirken innerer und äußerer Faktoren überlassen bleiben, ist es für Liebespartner ein wichtiger Schritt gemeinsame Ziele zu formulieren. Diese in einer Deklaration formell zu besiegeln, gibt dem gemeinsamen Vorhaben ein Fundament. Die verbindliche Deklaration des Zieles ist von immenser Wichtigkeit und bedeutet weit mehr als nur den naiven Glauben an die Magie der Worte. Sie ist so etwas wie der Polarstern einer Beziehung: Man kann sich immer wieder daran orientieren, wenn man sich verloren hat und im Nebel reaktiver und biographischer Verstrickungen herumirrt. Da wir Menschen nun einmal die Tendenz haben zu vergessen – vor allem dann, wenn Dinge sich nicht so gut anfühlen oder anstrengend werden –, ist es hilfreich, sich an die eigenen Zusagen erinnern zu lassen. Vom Partner oder von Freunden. Dabei gilt für alle: Wir müssen sie dazu *beauftragt* und sie müssen dem *zugestimmt* haben.

Das Konzept der romantischen Verliebtheit lässt es nur mit Bauchschmerzen zu, nüchterne Absprachen und klare Verabredungen für die Liebe zu treffen, so wie sie im Berufs- und Geschäftsleben gang und gäbe sind. Vereinbarungen und Pläne darüber, wie oft man sich sieht, welchen (Körper-) Kontakt man mit anderen pflegt, welche Wünsche und Sehnsüchte man sich erfüllen möchte und wie man das erreichen will, erarbeiten Verliebte eher selten. Als verlöre die Verliebtheit darin ihren romantischen Zauber. Dabei liegt es auf der Hand: Wer eine gemeinsame Zukunft erschaffen will, braucht einen Rahmen, innerhalb dessen das Experiment stattfinden soll und kann. Es kann für alle Beteiligten sehr förderlich sein, Absprachen und Vereinbarungen zeitlich zu begrenzen. Drei Monate kann genauso die richtige Dauer sein wie eine Woche oder ein Jahr. Das hängt vom Gegenstand der Vereinbarung ab, von der aktuellen Lebenssituation, vom Temperament der Partner. Sie müssen dafür sorgen, dass sie die gemachten Erfahrungen zusammentragen und sich darüber austauschen, um sie mit Geist und Körper in ihrer möglichen Bedeutung für ihr zukünftiges Lieben einzuordnen. Und sie müssen regelmäßig ihre bestehenden Vereinbarungen daraufhin prüfen, ob sie weiter gültig sein sollen oder ob sie ausgedient haben und etwas Neuem Platz machen sollen.

Absprachen sind Polarsterne in Liebesbeziehungen.
Es empfiehlt sich, Sterne zeitlich begrenzt zu setzen.
Wenn Sterne verglühen, kann alles wieder neu werden.

Commitment – Wir verpflichten uns ..!

Tut mir leid, pardon, sorry, aber ich kenne noch immer kein deutsches Wort, das den Sinn des englischen Ausdrucks „commitment“ mehr als nur annähernd trifft. „Selbstverpflichtung“ ist es nicht, „Selbstvereinbarung“ schon gar nicht, der Kernaussage schon näher kommen „Selbstversprechen“ oder einfach „Entschiedenheit“. Der Duden Rechtschreibung spricht von „das [Sich]bekennen, [Sich]verpflichten“. All dem fehlt aber dieses Leichte, dieses Unverkrampfte und Natürliche, das im englischen Begriff mitschwingt. Lassen wir uns also auf *Commitment* ein, im sprachlichen wie im inhaltlichen Sinn. Wie beim Vertrauen geht es auch hier um einen geistigen Schritt: Ein Commitment einzugehen, sich einem Vorhaben zu verschreiben oder einer bestimmten Verhaltensweise oder einer Sinnlinie im Leben, dafür muss man sich entscheiden. Oder noch besser: sie wählen, sie auserwählen aus der Fülle von Möglichkeiten. Es geht darum, etwas so stark in dein Leben zu lassen, dich so unbeirrt für etwas zu engagieren, dass du dich auch dafür einsetzt, wenn es mal schlecht läuft, wenn dir nicht danach ist oder wenn vielleicht sogar andere für das Ergebnis dessen, was dein Commitment bewirkt hat, die Anerkennung bekommen. Es ist wie eine bestimmte Stufe von Qualität, Engagement oder Erkenntnis, hinter die der Mensch nicht mehr zurücktritt.

Wir sagen: „Darunter tun wir es nicht mehr!“

Wie ist so etwas möglich? Was veranlasst Menschen ein Commitment einzugehen? Ganz einfach: Es hilft uns unser Leben zu leben. Es ist von Natur aus etwas Pro-aktives. Es erleichtert unser tägliches Tun und Lassen, weil es uns Orientierung gibt, weil es unserem Denken, Fühlen und Handeln eine Richtung verleiht. Skepsis und Zweifel können so im Alltag ihre lähmenden Spuren nur erschwert hinterlassen. Ein Commitment, das wirklich ein echtes ist und nicht nur ein Lippenbekenntnis oder Beruhigungsbalsam fürs eigene Gewissen, bezieht sich daher immer auf etwas, was ein Individuum stark mit Sinn verknüpft. Dieses klare Gefühl, diese ausgesprochene Gewissheit, dass es sich lohnt, für diese Sache etwas zu tun, etwas zu riskieren und Energie zu investieren, ist Befriedigung und Motivation genug, weil der Gegenstand des Commitments etwas Essenzielles berührt, in einem einzelnen Menschen oder in einer Gruppe. Im Kapitel „Wie bitte? In Liebesdingen *erwachsen* sein?" hatte ich bereits ausgeführt, dass ein Commitment für die Liebe eine kraftvolle Chance ist, den Weg der erwachsenen romantischen Liebe zu gehen. Denn dann ist die Liebe eines der zentralen Themen in deinem Leben. Du nimmst die Liebe in den Fokus, du schenkst ihr Zeit und Aufmerksamkeit, du eignest dir Wissen darüber an und übst dich darin fortlaufend.

Ein Commitment schenkt Klarheit und Konzentration!

Emotionen

Wir alle hungern und dürsten nach Intensität. Es muss nicht mal der Super Bowl der US-amerikanischen American-Football-Profiliga oder das Champions-League-Finale der europäischen Spitzenfußballer sein, ein kurzer Blick in jede beliebige Sportarena dieser Welt beweist diese These: Sie gilt sowohl für die aktiven Sportler wie auch für die Zuschauer. Okay, wir wollen also Intensität. Dann wagen wir doch mal eine verallgemeinernde Behauptung: Solche intensiven Gefühle und Wahrnehmungen wie damals, als wir noch Kinder waren, erleben die meisten Erwachsenen in einem Kontext, der nicht neurotisch ist, nur noch selten. Umso substanzieller wird deshalb für viele das romantische Verliebt-Sein mit all seinen Emotionen und Trancen, mit all seinen rauschhaften Höhenflügen – koste es was es wolle! Aber Emotionen sind reflexhafte, psychosomatische Reaktionen, die durch Gedanken und Situationen ausgelöst werden. Sie kommen einfach, tauchen aus dem Nichts auf. Das können wir nicht steuern. Aber wie wir mit ihnen umgehen, liegt in unserer Hand, indem wir sie:

- unterdrücken, verdrängen, uns absichern

Wenn wir Emotionen als etwas Verdächtiges, Peinliches oder Gefährliches erleben, glauben wir sie unterdrücken, verdrängen oder verstecken zu müssen. Und uns gegen ihr Hervorbrechen sichern zu müssen, so gut es eben geht. Dann haben wir sie unter Kontrolle, außer in so genannten schwachen Stunden. Was in meinem Verständnis zwar ein gesellschaftlich akzeptierter, aber nichts anderes als ein kümmerlicher und verharmlosender Terminus ist für nicht voll angenommene Selbstverantwortung.

- ausleben … ausleben … ausleben …

Das Gegenteil von Unterdrückung und Verdrängung ist, Emotionen zu idealisieren, sie als etwas Großartiges zu betrachten, sie hochzustilisieren und mit Bedeutung vollzupumpen und sie deshalb unbedingt ausleben zu müssen. Je intensiver und uneingeschränkter, als desto gesünder betrachten wir uns, wenn wir so denken. Nach dem Motto: Die Welt wird genesen, wenn wir alle „auf Teufel komm' raus" unsere vermeintlich wahren Gefühle ausdrücken. Aber das ist eine Sackgasse, denn wir können die Menschen um uns herum nur bis zu einem gewissen Grad mit unseren Emotionen befrachten und belästigen. Vor allem, wenn wir sie vorher nicht gefragt haben oder – umgekehrt – nicht gefragt worden sind.

- beobachten, ihnen Raum geben, den passenden Ausdruck wählen

Achtsamkeit ermöglicht es Distanz zu bringen zwischen das, was im Innen und im Außen geschieht, sodass wir damit bewusst umgehen können. Aus dieser Distanz betrachtet sind Emotionen, was sie sind: Emotionen. Nicht weniger und auch nicht mehr. Manche davon fühlen sich angenehm an, manche unangenehm, manche großartig, manche furchtbar. Als Erwachsene üben wir uns darin, unsere Emotionen zu beobachten, betrachten sie als Hinweise auf Schräglagen in der Lebensgestaltung oder Entwicklungspotenziale, und somit geben wir ihnen zunächst einmal Raum in uns. Wir wählen dann ganz bewusst, *ob*, *wann* und *in welcher Form* wir sie ausleben. Ich nenne das erwachsene Spontaneität.

„Zwischen Reiz und Reaktion liegt ein Raum.
In diesem Raum liegt unsere Macht zur Wahl unserer Reaktion.
In unserer Reaktion liegen unsere Entwicklung und unsere Freiheit."[15]

Sich selbst genug sein!

In dem mystischen Kern aller Religionen und spirituellen Lehren findet sich sinngemäß diese Weisheit: Wirklich besitzen kannst du nur dann etwas, wenn du bereit bist, es jeden Moment wieder zu verlieren. Sich selbst zu genügen – im Sinne dessen, sich immer wieder der eigenen Qualität und inneren Kraftquelle zu besinnen – und somit in gewisser Weise vollständig zu sein, ist eine dienliche und kreative innere Haltung, um die Bereitschaft entwickeln zu können, sich nicht zu *klammern*. Nicht an Materielles, nicht an Beziehungen und Menschen und auch nicht an Zustände. Immer wieder aufs Neue. Dieser Gedanke passt aber nicht in eine vom Konzept der romantischen Verliebtheit durchdrungene Kultur. Er provoziert Einwände: „Dann habe ich ja nichts mehr mit anderen zu tun" oder „Ich will doch gar nicht zum Einzelgänger werden" oder „Oh Gott, dann bin ich allein und einsam". In Ordnung, lassen wir unseren Verstand solche Einwände produzieren – wir müssen ja nicht alles glauben, was wir denken, wir müssen ja nicht anhaften an dem, was alles an Gedanken in uns auftaucht! Wir können sie auch vorbeiziehen lassen wie die Wolken am Himmel. Aus gutem Grund: Sich selbst zu genügen, sich zwar gerne und ausgiebig auf andere Menschen zu beziehen und gemeinsam Erfahrungen machen zu wollen, aber nicht zu *müssen*, um zu überleben. Dieses Selbstbild kann ein kraftvoller Leitgedanke sein, das eigene Leben in ein Wunder zu verwandeln, das möglicherweise so aussehen könnte:

- In Liebesdingen müssen wir nicht mehr zwanghaft kontrollieren und manipulieren, immer in der Angst, irgendwann doch nicht mehr zu genügen und dann verlassen zu werden. Unseren Geliebten können wir liebevoll die Freiheit geben, die Personen zu sein, die sie wirklich sind. Als solche lieben sie, wen oder was ihnen entspricht.

- Liebesbeziehungen sind in ihrem Kern und Ausdruck wirklich Liebes-Beziehungen und keine besitzergreifenden Arrangements mit wechselseitigen Festlegungen. Das Sandkastenstadium menschlicher Beziehungen liegt hinter uns, wir übernehmen *jetzt* in Dankbarkeit und Ehrfurcht die *ganze* Verantwortung für unser Lebensglück.
- Wir wissen, dass unsere Liebesbeziehungen zu Menschen, zum Leben und zur Erde stets erfüllt und vollständig sein können. Dass sie nicht ewig dauern *müssen*, vielmehr jeden Moment zu Ende gehen oder im nächsten Moment wieder aufblühen können, strahlend und vollständig, in der alten Form oder in einer neuen, oder auch gar nicht.

Ich kenne niemanden, der nicht aus eigener Erfahrung irgendwie *ahnt* oder *weiß*, um was es bei dieser Vision geht. Wohl alle Menschen hatten schon Momente, in denen sie sich diesem Bild sehr nahe fühlten. Für die meisten waren das zwar nur Ausnahmesituationen oder Sternschnuppen, die, wenn die sogenannte Vernunft wieder einsetzte, mit dem realen Leben auf dieser Erde nicht wirklich etwas zu tun zu haben schienen. Für einige aber blieb etwas übrig, für sie gab es ein innerliches Nachfunkeln auch dann noch, als die Sternschnuppen schon verglüht waren. Was Anlass genug für sie war, sich auf den Weg und die Suche zu machen und den neuen Blickwinkel zu finden, der nötig ist, um zu erkennen: Wir sind nicht mehr Menschen, die *üben,* um Meister zu werden in der Disziplin des liebenden Menschseins (irgendwann oder auch nie), sondern wir *sind bereits* Meister in diesem liebenden Menschsein, die allerdings immer weiter üben. Von Geburt an. Während unseres Lebens dürfen wir immer neue, schlüssigere, elegantere Ausdrucksweisen einüben.

Nennen wir sie Karin. Sie ist Mitte 30, alleinerziehende Mutter zweier Teenager. Ihren Mann verlor sie durch einen tödlichen Unfall, als das zweite Kind noch ein Säugling war. Seit damals hat sie in keiner festen Liebesbeziehung mehr gelebt. Sie habe zwar hin und wieder kurzfristige Affären, sagt Karin, aber wirklich nahe an sich herangelassen habe sie seit dem Unfall ihres Mannes niemanden mehr. Allein komme sie eigentlich ganz gut zurecht. Ab und an tauche schon mal Sehnsucht nach einer verbindlichen, auf Dauer angelegten Liebesbeziehung auf, aber sie habe auch Angst davor. Sie genieße ihr jetziges Leben, sei unabhängig, spüre ihre eigene Stärke, sei Herrin ihres Lebens. Aber wenn sie so nachdenke, dann merke sie, dass da im Hintergrund etwas wirksam sei, eine Befürchtung, die sie daran hindere, sich der Möglichkeit einer neuen Liebesbeziehung wirklich zu öffnen: Es scheine zu Liebesbeziehungen zu gehören, sagt Karin, dass man in ihnen zu jemandem wird, der alleine nicht komplett ist. Und der sich langsam aber unausweichlich in einen Zustand emotionaler Abhängigkeit verliert. Als ihr Mann plötzlich nicht mehr da gewesen sei, habe sie das unsäglich schmerzhaft spüren müssen. Ihr jetziges Liebesverhalten sei vielleicht ein Schutz vor einer möglichen Wiederholung.

Karin fand das Bild der erwachsenen Liebesbeziehung sehr verlockend; die Idee, dass Liebesbeziehungen ja auch *so* aussehen könnten, dass da zwei Menschen, beide vollständig, beide nicht ergänzungsbedürftig, miteinander ein liebevolles Spiel spielen. Das Risiko emotionaler Höhen und Tiefen, die Möglichkeit von Schmerz und Traurigkeit bewusst eingehend. „Ach, wär' das schön, wenn wir uns gegenseitig immer wieder daran erinnern würden, unseren Sehnsüchten und Träumen mehr Platz zu geben, statt uns hinter unserer sogenannten Lebenserfahrung zu verschanzen", sagte sie. Die Verlockung währte aber nur wenige Augenblicke, dann gewannen Furcht und Resignation wieder die Oberhand: „Aber wahrscheinlich ist das einfach ein zu hohes Ziel." Ist es das wirklich? Ist die erwachsene Art der Liebe zwischen Ebenbürtigen nicht vielmehr das Naheliegende? Heute im 21. Jahrhundert? Hier im wohlhabenden westlichen Kulturkreis? Ist es nicht einfach so, dass unsere Angst nur deshalb zu einer wirksamen hypnotischen Einflüsterung geworden ist, weil wir uns weigern anzuerkennen, dass wir keine abhängigen Kinder mehr sind?

Erwachsene Liebe ist naheliegend und zeitgemäß!
Sie passt perfekt in unsere Kultur – heute!

Wenn ich auch mir selbst genügen kann und im weitesten Sinne in mir selbst vollständig bin, kann das wahre Abenteuer von Kontakt erst richtig beginnen, das sich in gemeinsamen Vorhaben, Spielen, Tänzen und Arbeiten ausdrückt. Und zwar mit anderen Menschen, die im weitesten Sinne auch in sich selbst vollständig sind. In intensivem, absichtslosem Wollen und mit freundlicher Ernsthaftigkeit, erfinderischer Kunstfertigkeit und der beherzten Bereitschaft zu Freude und Lachen und Trauer und Weinen …

Das Ende der sexuellen Abhängigkeit

Wer kennt es nicht, dieses alte Lied, dass einer der beiden Partner frustriert ist, weil der andere seltener Sex will, weil er diese oder jene sexuelle Praktik unmöglich findet, immer wieder mal Kopfschmerzen hat oder mangels Erektion nicht kann und die „weiche Penetration“[x16] keine Alternative ist, was auch immer. Die gängige – wenn auch unausgesprochene – Prämisse für Liebesbeziehungen lautet: „Zur Erfüllung meiner sexuellen Bedürfnisse brauche ich *Dich!*“ Das ist ein ungut bis gefährlich zu nennender Nährboden für Liebe, die gedeihen will. Stattdessen wachsen die inneren Beschwerde-Konten der Beteiligten.

> „Es ist furchtbar“, sagte Bernd, als er in einem Coaching auf dieses Thema zu sprechen kam. Er und seine Frau seien im Lauf ihrer Ehe wegen Sex immer wieder aneinander geraten. „Einmal waren wir auf Reisen, ungefähr zwölf Jahre waren wir zu diesem Zeitpunkt verheiratet. Wir hatten wie immer im Vorhinein kein Zimmer gebucht, und weil überraschend wenige frei waren, mussten wir mit einer räumlich knappen Lösung vorlieb nehmen. Das brachte uns körperlich sehr schnell sehr nahe, und bei meiner Frau wurde eine solche Wucht von Begehren wach … oh Mann!“ Es wurde ein Desaster! Nichts klappte, aber auch gar nichts, erzählte Bernd. Weder Lust noch Nähe noch sonst irgendetwas Angenehmes entstand. Stattdessen Enttäuschung und Wut. Und irgendwann schrie ihn seine Frau an, dass dieses ganze Chaos ihrer Beziehung nur daran liege, „weil du es mir nicht oft genug machst!“

Paare geraten immer wieder in die Sackgasse der Schuldzuweisungen. Besonders konfliktgeladen und ernst wird es, wenn es dabei um Sex geht: Weil das Wesen Mensch in seinem Kern verunglimpft wird. Mit Folgen für die Beziehung, denn sie ödet dann vor sich hin. Im günstigsten Fall entsteht mit der Zeit etwas, das die Psychologie „erfolgreiche Sublimierung“ nennt: eine Transformation der sexuellen Energie in eine andere Art von (gemeinsamer?) Lebenserfüllung.

In den allermeisten Fällen jedoch trägt sexuelle Abhängigkeit nicht unwesentlich dazu bei, dass aus dem Wunder der Liebe ein engherziger, kleinmütiger Grabenkampf wird. „Die sexuellen Bedürfnisse zweier Menschen sind auf Dauer einfach nicht unter einen Hut zu bringen", ist da immer wieder zu hören. Auch mit diesem Gedanken ist Leid verbunden, weil das Anderssein des anderen, auf den man ja angewiesen ist, die eigene Befriedigung und Erfüllung erschwert oder gar verhindert. Wir leben zwar in einem Zeitalter, in dem Paartherapie und Beziehungscoaching nicht mehr zwangsläufig als „verrückt" und in dem Tantra-Seminare und Liebes-Workshops für viele eher wichtig und selbstverständlich als anrüchig oder schlüpfrig gelten. Es ist ja nicht so, dass wir Weltoffenen des 21. Jahrhunderts uns nicht beschäftigen würden mit dem Phänomen der sexuellen Abhängigkeit. Trotzdem ist der Gedanke, dass die sexuellen Wünsche und Bedürfnisse zweier Individuen dauerhaft nicht zu vereinen sind, anscheinend noch immer nahezu konsensfähig.

Ich kenne nur wenige Vorbilder dafür, wie gelebte sexuelle Unabhängigkeit aussehen könnte. Die meisten Liebesbeziehungen beginnen noch immer mit einer Art vertraglicher Übereinkunft, wonach man von nun an wechselseitig und ausschließlich für die Erfüllung emotionaler und sexueller Bedürfnisse zuständig und verantwortlich ist. In gewisser Weise spiegelt sich diese Sicht auch in Gesetzestexten wider. Zum Beispiel steht in der Hitliste der Rechtsirrtümer[15] auf Platz 6 Folgendes: „In der Ehe ist man nicht zu Sex mit seinem Ehepartner verpflichtet". Das stimme nicht, es gebe durchaus eine „Sexpflicht" in der Ehe, ist auf der Webseite zu lesen. Denn das Bürgerliche Gesetzbuch sehe vor, dass die Ehepartner einander zur „ehelichen Lebensgemeinschaft" verpflichtet seien „und damit zur so genannten Geschlechtsgemeinschaft". Was bedeute, dass Sex zu verweigern gegen ein Grundprinzip des Rechtsinstituts Ehe verstoße. Und dass nach verbreiteter juristischer Auffassung

[15] www.anwaltseiten24.de

die „Sexpflicht“ nicht einmal per Ehevertrag ausgeschlossen werden könne, auch wenn sie rechtlich nicht durchsetzbar sei. Der Anspruch auf ehelichen Beischlaf ist also nicht einklagbar und kann gleichzeitig vertraglich nicht ausgeschlossen werden. Interessant, oder? Hat sich hier eine engstirnige Sicht auf Liebe und Ehe das Überleben gesichert und wirkt subtil unter der Oberfläche weiter? Könnten wir sexuelle Abhängigkeit und Anspruch auf ehelichen Beischlaf gar als fixiert begreifen? Da verblüfft es auch nicht mehr, wenn Sex in (sehr) vielen Ehen und Partnerschaften zur Nähevermeidungs-Strategie und Regressionspforte wird.

Der Ausweg – das Ende der sexuellen Abhängigkeit – mag banal klingen, dennoch hat er die Qualität einer lebensverändernden Idee. Der Ausweg ist, seine sexuellen Wünsche, das eigene sexuelle Wesen und Wollen als *existenziell wichtiges Thema* anzuerkennen und es *zu sich selbst und in die eigene Verantwortung* zu nehmen. Dafür voll verantwortlich zu sein heißt, ihm Aufmerksamkeit zu schenken und das Gespräch darüber zu suchen. Mit dem Partner, mit Freunden und Gleichgesinnten. Mehr zu wissen aus der großen weiten Welt der Sexualität, Neues zu erfahren und auszuprobieren. Sich Hilfe zu holen, wenn etwas schwierig wird. Mir geht es mit diesem Buch um würdevolle Beziehungen zwischen Erwachsenen und um würdevolle Sexualität. Ob alleine, zu zweit oder in welchen Konstellationen auch immer sich der Mensch wohl fühlt: Es geht nicht um Sex ohne Grenzen, um sexuelle Erfüllung um jeden Preis, sondern um entschlossenes, selbstverantwortliches Tun und Lassen, das in der Lage ist, Schuld, Scham und Schäbigkeit im sexuellen Sich-Erleben zu überwinden. Als freie Menschen können wir Beziehungen jenseits sexueller Abhängigkeit gestalten und kraftvoll die ihr innewohnende Vitalität erleben.

Möglichkeiten das zu lernen und neue Erfahrungen darin zu machen, gibt es unendlich viele. Die Palette reicht von guten Büchern über therapeutische Beratung bis zu körperlichen Exkursionen, die man alleine oder auch als Paar machen kann. Beispielhaft liste ich im Anhang einige ausgewählte Optionen auf, die ich persönlich kenne und die ich in ihren unterschiedlichen Qualitäten sehr schätze.

„Es gibt nichts Gutes, außer man tut es."
(Erich Kästner)

Sex, Ekstase, Schamlosigkeit und Unschuld

Sex ist mit Sicherheit die am häufigsten genutzte Art und Weise, der Sehnsucht nach Verschmelzung zu folgen, ja – eins zu werden mit dem Kosmos oder der Schöpfung. Als Menschen sehnen wir uns danach, die Kontrolle aufzugeben und pure Ekstase zuzulassen. Ekstase hat unzählige Ausdrucksformen: Du kannst sie als tanzender Derwisch im Vorderen Orient erleben oder als Spaziergänger bei Vollmond im nordfriesischen Watt, in einer Augen-Blick-Begegnung mit einem Unbekannten, bei der Geburt eines Kindes, beim stillen Betrachten eines Sonnenuntergangs. Ekstase ist der Seinszustand, in dem *Ich* und *Nicht-Ich* gleichzeitig und gleichwertig sind, und die Einheit mit dem, was gerade ist. Sex ist zwar die häufigste Ausdrucksform von Ekstase, aber auch die, die sich am meisten zwiespältig zeigt, obwohl und gerade weil Sex mit einem Höchstmaß an aktiv herstellbarem lustvollem Erleben verknüpft und zudem leicht zugänglich ist. Dennoch gehen Menschen diesen Weg selten *ganz*. Es sieht so aus, als gehöre zu unserer menschlichen Grundausstattung die Angst tatsächlich zu verwirklichen, wonach wir uns am meisten sehnen. Weil unser *Ich*, unser *Ego*, nach dem Sterben im orgiastisch-süßen ‚kleinen Tod‘ nicht wieder auferstehen könnte? Weil *unsere Welt* auf Nimmerwiedersehen verschwinden könnte?

Gäben wir uns ganz der Auflösung hin, wären wir Glück!

Das, was mit immer neuen Verlockungen und Verheißungen am meisten helfen soll, die Trennung von *Ich* und *Nicht-Ich* zu überwinden, ist somit gleichzeitig mächtiger Ausdruck der Verfestigung von Getrenntsein. Auch das klingt wieder sehr philosophisch und spielt sich doch direkt unter unserer Oberfläche ab. Da Sex die einzige Ausdrucksform von Ekstase ist, die zu allen Zeiten massenweise gelebt wurde – noch dazu verknüpft mit dem unwiderstehlichen biologischen Drängen – war er immer Hauptzielscheibe für alle Arten systemerhaltender Ideologien. Verbote allein waren aber nie ausreichend wirksam, um Menschen nachhaltig davon fernzuhalten. Verbote wurden immer wieder übertreten, selbst wenn angedrohte und vollzogene Strafen grauenhaft waren. Deshalb hat die Angst das Verbot mit der *Scham* garniert: Selbst dann, wenn das Verbot *im Handeln* übertreten wird, sorgt die Scham dafür, dass es *wesensgemäß* eingehalten wird. Denn wer sich schämt, ignoriert das Verbot nicht wirklich, sondern anerkennt seine Gültigkeit.

Handelt es sich bei der Scham um einen genetisch verankerten Code im Menschen? Ich weiß es nicht. Aber es gab wohl Kleinkulturen, in denen Sexualität in betörender Unschuld selbstverständlich und zutiefst unbescholten war.[16] Sex wurde in solchen Kulturen jedenfalls nicht zu einer bedrohlichen, systemsprengenden Kraft, sondern blieb wunderschöne Banalität, ein leichtes, heiteres Spiel. Für westliche Betrachter haftet dieser Art von Leichtigkeit im Sexuellen etwas Naives an. Es weckt tiefe Sehnsüchte nach einem Leben im Zustand der Unschuld, nach der Zeit vor der Trennung von *Ich* und *Du*, von *Ich* und *Welt*.

Eine unserer tiefsten Sehnsüchte ist die nach der Unschuld.

Aber in aller Regel bleibt es bei dieser Sehnsucht, denn just in dem Moment, wenn Unschuld als konkret zu lebende Möglichkeit auftaucht, leuchtet in uns eine Warnlampe auf: Das *Ich* kriegt es mit der Angst zu tun. Es fürchtet, außer Funktion gesetzt zu werden. Es befürchtet irgendwie zu Recht, selbst sterben zu müssen. Scham ist ein probates Mittel, um diese Angst zu besänftigen. Das Ich bleibt unangetastet und darf weiterleben, selbst wenn wir gesetzte oder gefühlte Grenzen übertreten. Könnte ein Ohne-Scham-Sein – Scham*losigkeit* also – ein praktikabler Ansatz für ein ekstatisches Leben sein? Lust schamlos zu nutzen, um die Glückseligkeit jenseits der Lust zu erleben? Klar, und das weiß der

16 Scham gab es dennoch, aber die Menschen schämten sich wegen anderer Dinge, wie ich von „Survival“ erfuhr, der Bewegung für indigene Völker (www.survivalinternational.de)

Mensch auch schon lange. Und er weiß auch, dass diese Lust nicht notwendigerweise sexuell sein muss, wie die erwähnten Derwische zeigen, die sich in spirituelle Ekstase tanzen in einer makellosen Gottesliebe. Aber der Weg zur Schamlosigkeit *kann* sehr sexuell sein. Dieser Weg nutzt die Lust als Vehikel, um von der sexuellen zur spirituellen Unschuld zu gelangen, zum Gewahrsein und Leben der eigenen göttlichen Natur. Denken wir nur an die lange Geschichte der diversen tantrischen Wege: In den tantrischen Traditionen wird die Anziehungskraft der männlichen und weiblichen Polarität genutzt, um auch durch sexuelle Ekstase im Ritual zu einem ekstatischen Leben zu gelangen. Wenn ekstatischer Sex Teil und Ausdruck eines auch sonst ekstatisch wachen Lebens ist, dann ist Leben *ganz* möglich. Dann geht von sexueller Ekstase immer wieder Ermutigung aus, die Schöpfung und Vitalität und die Einheit mit dem was ist, auch ins sonstige Leben zu tragen. Wenn sexuelle Ekstase aber als Ersatz fungiert für ein ekstatisches Leben, ein erlaubtes Kompensierungsreservat in einer ansonsten grauen, resignierten Welt ist, dann bestätigt sie die ursprüngliche Scham immer wieder aufs Neue. In diesem Fall verbleibt im Sex immer ein letzter Rest von Hemmung und Zurückhaltung, von Peinlichkeit und Angst. Auch wenn es auf den ersten Blick völlig anders aussehen mag. Wenn wir als Spezies Mensch auf dieser Erde weiter existieren wollen, müssen wir *bewusst* gestaltende Drehbuchautoren und Regisseure des Lebens werden. Verschämte Regieanweisungen bei gesenktem Blick funktionieren da nicht, wir dürfen uns schamlos trauen wir selbst zu sein. Wo wäre das So-Sein lust- und freudvoller für die meisten Menschen als im Sex?

Transformieren wir die Scham!

Scham und Schuld über Selbstentsagung zu überwinden, über harten Kampf gegen das in Leiden getränkte Ego, das mag für wenige asketische Exoten funktionieren. Für die meisten ist es nichts als Zwang und Unterdrückung von *Lebensenergie*. Es ist an der Zeit, den asketisch-harten durch den lustvoll-ekstatischen Weg zu ersetzen. Aber aufpassen: In der Sexualität ist der Fundus an Kostümen und Verkleidungen für die Scham riesig. Du kannst dich dafür schämen, dass dein Körper klein oder groß ist, dick oder dünn, dass du begehrst oder nicht begehrst, dass du experimentieren oder bei dem bleiben willst, was du kennst, dass du Großartiges erlebst, aber nichts davon in deinen Alltag trägst und so weiter und so fort. Die Liste ist endlos …

Scham ist ein Spiel, in dem wir immer verlieren.

Es ist eines der erfolgreichsten Phänomene der Realitätsvermeidung: Wir bekriegen uns selbst für etwas, was die Natur in uns tief und essenziell angelegt hat und was deutlich spürbar und beharrlich leben will. Oft setzen wir uns dafür herab oder machen uns schlecht. Stattdessen könnten wir auch ein anderes Spiel spielen und gewinnen! Das Heilmittel für Scham, die Basis für Unschuld, ist *Selbstliebe.* Sich selbst zu lieben, so bedingungslos wie möglich, muss nicht zwangsläufig Arroganz atmen. Es bedeutet lediglich und das ist wichtig genug, dass du dich wohlwollend annimmst, wie du *jetzt gerade* bist und was du *jetzt gerade* tust, was sich in deiner Innen- und in deiner Außenwelt *gerade jetzt* abspielt. Dass du anerkennst, die Freiheit der Wahl zu haben, all das so zu belassen oder es jederzeit selbst zu verändern. Gelingt die Transformation der Scham, dann bedeutet es die Rückkehr in den Zustand der Unschuld. Der Kreis schließt sich. Wir sind wieder da, wo wir als Kinder schon einmal waren, aber auf andere Art. Diesmal ist es anders:

Erwachsene Unschuld ist wach und bewusst und verantwortlich.

Es gibt zwei Gesichter der Scham, und die deutsche Sprache vereint in dem Wort Scham konträre Inhalte. Da ist die oben beschriebene Scham, die uns dazu bringt, unser innerstes Selbst zu verbergen und somit in Angst zu leben, ertappt, bloßgestellt und abgelehnt zu werden. Sie verhindert die Hingabe in der Beziehung zu einem anderen und verursacht ein schlechtes Gewissen. Diese Art Scham ist eine Frucht der Prämisse, dass die menschliche Natur sündig, schmutzig und schlecht ist. Die andere Art von Scham entsteht aus dem Wissen um das Zarte, Schutzbedürftige in uns, aus dem Wissen um die Verletzbarkeit des Kindes mit den großen Augen in uns, das bereit ist rückhaltlos zu lieben. Diese Art Scham ist wegen ihrer Zugänglichkeit zu Vorsicht und Sorgfalt gerade für Liebesbeziehungen wichtig, weil mit diesem feinen Sinn und diesem sensitiven Gespür ein Sich-Öffnen in vollziehbarem Tempo und Ausmaß geschehen kann. Es ist ein Gespür für die eigene fragile Zartheit sowie für die des Gegenübers. Es begünstigt, dass etwas wachsen kann: Zutrauen in den Partner und in die Verbindung.

Das Französische kennt zwei Ausdrücke für diese beiden Aspekte der Scham, pudeur und honte. „Pudeur“ meint den aus der weichen, kindlichen Naivität geborenen Selbstschutz, der Behutsamkeit im Umgang mit Intimität fordert, das *Zartgefühl*. „Honte“ ist die Scham im gängigen Sinn, die Schande, die Menschen dazu bringt zu erröten, die Augen abzuwenden, die Schultern zu beugen und den Kopf zu senken, die Blamage, der Schandfleck. Im Sex und in der Liebe ist „honte“ in einer der vielen Masken der Selbstablehnung so dominant und häufig, dass wegen des daraus entspringenden Leids kaum Platz bleibt für zarte Behutsamkeit – „pudeur“ hat wenige Chancen, sich zu zeigen. Dabei haben große Künstler wie Allesandro Botticelli „pudeur“ wunderbar in Szene gesetzt. Beispielsweise im Gemälde „Die Geburt der Venus“, wo die so genannte Scham von fließenden langen Haaren und einer behutsam vorgehaltenen Hand verdeckt wird. Zarte Lebendigkeit und Dankbarkeit für die eigene Schönheit strahlen aus solchen Bildern. Und eine Sehnsucht, die die Verheißung der Hingabe in sich birgt.

Kultivieren wir „pudeur“ in unseren Liebesbeziehungen. Betrachten wir sie als Ausdruck unseres Wissens um die *Kostbarkeit* des eigenen Wesens und der unserer Partner. Und als Bekenntnis, damit zärtlich, liebevoll und sorgsam umzugehen, das Heilige in uns selbst und im anderen zu ehren, zu bewundern und zu fördern.

Sich selbst begehren – ungeheuerlich und tabu?

Mal angenommen, du und ich, wir wären Menschen, die eine gewisse Offenheit auszeichnet. Könnten wir jeder sich selbst die Freiheit geben, mit sich selbst froh zu sein, sich selbst zu lieben, zu begehren, verzückt zu sein von sich selbst? Das wäre doch eine Ungeheuerlichkeit! Denn es bedeutete, einen umwälzenden Blick in eine Welt jederzeitigen Überflusses sexueller Ausdrucksmöglichkeiten zu wagen. Alles würde zu einer möglichen Form sexuellen Ausdrucks, *gleichwertig* mit allem anderen. Die Kultur, die wir uns geschaffen haben, zementiert jedoch eine orthodoxe Sichtweise: Dass wir auch noch als Erwachsene immer einen ganz bestimmten Anderen brauchen, um Zugang zu Verbundenheit, Liebe, Begehren, Zärtlichkeit, Nähe und Geborgenheit zu finden. In dieser Sichtweise ist eine Definition von „Erwachsensein", dass sich die selbstbezogene, narzisstisch orientierte Libido in eine objektbezogene Libido gewandelt hat. *Ich* und *Nicht-Ich* – das *Du*, das Liebesobjekt – müssen danach zwei körperlich getrennte Wesen sein. Und nicht seelische Instanzen, die zeitweise auch in *einem* Körper beheimatet sein können. In diesem Denkschema ist ein Sich-selbst-begehren etwas, das nach stehengeblieben riecht, und zwar auf einer kindlichen Ebene. Vor allem in der Sexualität. Liebe braucht in diesem Denkschema immer ein materiell existierendes, anderes menschliches Wesen. Eine Sichtweise, die Liebe leicht zu einer Tauschware macht, zu etwas Dinghaftem. Wirklich liebend mit sich selbst zu sein, gehört folgerichtig zu den stärksten Tabus, die wir kennen und spüren.

Ziehen wir in Betracht, dass wir jederzeit Zutritt zum Paradies haben.
Sofern wir die Türen benutzen, die gerade offen stehen …

… statt fordernd oder verärgert auf Zutritt durch eine ganz bestimmte Tür zu beharren. Auch wenn diese gerade verschlossen ist. Sex, ob mit sich selbst oder einem körperlich getrennten anderen Menschen, kann ein wunderschönes, absichtsloses, leichtes Spiel der Ekstase sein. Ausdruck von Liebe in einer Welt der Liebe. *Liebe ist ein Seinszustand.* Er taucht in Menschen auf und durch sie hindurch und begegnet sich selbst wieder im Anderen, im Geliebten. Liebe ist dann nicht mehr personal, auch wenn *bestimmte* Personen Liebe leichter in uns fließen lassen als andere. Einem anderen Menschen wirklich zu begegnen wird möglich, wenn sich Selbstbezogenheit in Allbezogenheit *ausdehnt* und die *Person* weiter besteht. In Beziehung zu sein, sich aufeinander zu beziehen, heißt dann auch, sich in der Liebe selbst zu begegnen, ihrer in sich selbst gewahr zu werden. Dann geht es nicht mehr um Ich und Nicht-Ich, sondern um ein Ich, das für sich selbst auch das *Du* sein kann.

Werfen wir den Anker weit hinaus.

Denn all das bedeutet, dass die Öde der sexuellen Abhängigkeit der Vergangenheit angehören kann, wenn wir wollen. Und dass Wunder geschehen können, wenn Liebesbeziehungen und Ehen von der Zwanghaftigkeit des Aufeinander-angewiesen-Seins erlöst sind. Das Schlusswort in diesem Kapitel gehört Oscar Wilde. Jede Wette, der Mann wusste genau, was er sagte:

„Sich selbst zu lieben, ist der Beginn einer lebenslangen Romanze."

„Ich bin von mir begeistert!"

Angenommen, einer deiner Freunde eröffnet dir, dass er von sich selbst begeistert ist. Dass er sich selbst bewundert. Was meinst du, ginge in dir vor? Wie würdest du reagieren? Vielleicht ähnlich wie ich es immer wieder bei mir beobachtet habe: Hektisch checkt mein innerer Computer alle Ordner, Dateien und Bilder durch, gleicht das gerade Gehörte mit dem bereits Bekannten ab und meldet: „Irgendetwas ist hier faul. Entweder muss er sein geringes Selbstbewusstsein mit großen Worten überspielen oder er spinnt jetzt tatsächlich. Peinlich, wie der sich benimmt. Wo kommen wir denn hin, wenn wir uns nicht ein bisschen zurückhalten?" Und nun stell dir vor, du selber wagst es, von dir begeistert zu sein, dich selbst ganz offen zu bewundern. So dass du so selbstverständlich darüber sprechen würdest wie von deiner Begeisterung über ein Neugeborenes, der Schönheit eines Waldspaziergangs, einer Mozart-Arie oder eines knallgoldenen Sonnenuntergangs.

Nun?
Was geschieht in dir?
Meine These: Selbstablehnung ist die Basis unserer Zivilisation.

Zeigt dir deine innere Reaktion, wie wirksam die Sündenfall-Mythologie[x16] noch immer ist? Der Gedanke, dass der Mensch immer schon im Zustand der Sünde ist, selbst als Säugling? Wahrscheinlich offenbart dir dein Empfinden, wie präsent diese Bilder und Gedanken sind und wie sie auch dich noch prägen. Der Sündenfall liefert das Baumaterial für den Sockel, in den die Grundlage unseres Umgangs mit uns selbst, anderen Menschen, der Welt überhaupt gemeißelt ist: „Ich bin nicht genug." Und wer ist schon so vermessen, etwas Unzureichendes zu bewundern ... Die sehr einfache und entsprechend einleuchtende Erklärung dafür lautet: In den ersten Jahren unseres Lebens haben wir uns langsam *unsere* Antwort auf die existenziellen Grundfragen zusammengebastelt:

Wer bin ich?
Wer sind all die anderen?
Um was geht es hier eigentlich und was habe ich damit zu tun?

Kaum ein Kind verfügt beim Lösungsversuch dieser Rätsel über hinreichend sichernde Liebe, Annahme und Wertschätzung in seiner Umgebung. Das ist keine Abwertung oder Verurteilung der Eltern, sondern einfach ein nüchterner Fakt: Es gibt wohl nur ganz wenige, vielleicht gar keine Eltern, die – neben ihrer absoluten Begeisterung für das neue Leben in ihrer Mitte – nicht auch sehr bald Momente haben, in denen sie dieser – pure Unbedingtheit verlangende – kleine Mensch verunsichert, ihnen auf die Nerven geht, lästig ist, sie mit Sorge erfüllt oder eben schlicht überfordert. Für Erwachsene sind das weniger wichtige oder unbedeutende Nebensächlichkeiten. Für ein Kind sind sie das aber ganz und gar nicht. Denn das Kind erlebt in solchen Situationen Stress und macht die Erfahrung, *anders* werden zu müssen, unbedingt *besser*! „Ich bin nicht okay, aber du bist okay", so könnte die folgenreiche Schlussfolgerung klingen, ausgedrückt in der Sprache der Transaktionsanalyse (TA). Deren humanistisches Menschenbild von Eigenständigkeit, Bewusstheit, Selbstverantwortlichkeit und unbedingter Würde eines jeden Menschen brachte der Begründer der TA, Eric Berne, auf die Formel:

„Ich bin okay, du bist okay"

Das Kind fragt sich: Um was geht es hier eigentlich? Und was habe *ich* damit zu tun? Der junge Mensch muss Antworten finden, sein Überleben hängt davon ab. Deshalb landet jedes Kind letztlich bei dem, was die Psychoanalyse die „Identifikation mit dem Aggressor" nennt, in der verzweifelten Hoffnung, damit eine funktionierende Antwort auf die Grundfragen zu finden. In Unterwerfung oder in Rebellion kamen auch wir irgendwann zu dem Schluss: „Ja, du hast recht, an mir stimmt was nicht. Ich bin nicht so, wie ich sein sollte." Je nach religiösem Hintergrund kommt dann möglicherweise noch eine Etage tiefer die schwere Musik dazu: „Ich bin sündig." Oder ähnliches. Dieser Sachverhalt ist so sehr verschüttet, dass ihn die meisten Menschen gar nicht mehr bemerken. Geschweige denn auf den Gedanken kommen auszuprobieren, was geschieht, wenn wir uneingeschränkt zu uns selbst sagen:

„Ich liebe mich. Ich liebe den, der ich gerade bin."

Stattdessen finden wir Fehler an uns und machen uns klein. Vielleicht setzen wir auch auf die andere Seite der Medaille: die narzisstische Selbstüberhöhung. So mancher ist dabei sehr geschickt und schafft es lange Zeit, manchmal gar das ganze Leben, sich und andere zu bluffen. Wem das weniger gut gelingt, der macht sich lächerlich, entwickelt möglicherweise krankhafte Wesenszüge. Und dann? Wenn ich in mehr oder weniger erfolgreich kompensierter Selbstabwertung steckengeblieben bin, wie soll ich da in meinen Beziehungen echte Liebe, Begeisterung und Bewunderung empfinden und leben können? Wie soll das denn gehen, erwachsen zu lieben? Indem wir uns und unserem Sein Aufmerksamkeit schenken, indem wir trainieren, uns selbst anzuerkennen und wertzuschätzen. Uns üben, den schmalen Grat zwischen wacher Selbstliebe und eitler Selbstüberhöhung zu gehen. Denn niemand kann zu jemand anderem sagen „Ich liebe dich" ohne genauso selbstverständlich auch zu sich selbst sagen zu können „Ich liebe mich". Niemand kann zulassen, von einer anderen Person wirklich geliebt zu werden, wenn er oder sie sich selbst nicht wirklich lieben kann.

> Björn rief in meiner Coachingpraxis an. Er war Ende 30, Musiker, verheiratet, Vater einer kleinen Tochter. Er wolle seine berufliche Situation verändern, sagte er, wolle in der Musikschule anders auftreten, wolle dort mehr selbst gestalten und weniger Ausführender der Vorgaben anderer sein. In der zweiten Sitzung erzählte Björn, dass er noch vor zehn, zwölf Jahren beruflich ganz anders auf-

gestellt gewesen sei, als Orchestermusiker habe er auf großen Bühnen gestanden. Dann habe er geheiratet, sei Vater geworden, und das Musikerdasein und das Geldverdienen und das Ehemann-und-Vater-sein müsse ja schließlich alles vereinbart und integriert werden. Haderte Björn mit dem Weg, den er gegangen war? Fehlte ihm Selbstachtung, Anerkennung für sich selbst, Selbstliebe im weitesten Sinne? Ich bat ihn, bis zur nächsten Coaching-Sitzung allabendlich fünf bis zehn Punkte zu sammeln unter der Überschrift „Das habe ich heute gut gemacht". Björn willigte ein. Beim nächsten Treffen erzählte er zerknirscht, er habe erkannt, wie wenig er sich selbst wertschätze. Es war ihm in den ersten Tagen der „gut-gemacht"-Übung sehr schwer gefallen, mehr als zwei oder drei Punkte zu finden. „Es kostete mich regelrecht Überwindung hinzuschauen, was ich an diesem Tag gut gemacht hatte", erzählte er. „Und es dann auch noch aufzuschreiben!" Sein innerer Zensor, sein innerer Scharfrichter war in den ersten Tagen der Übung so mächtig gewesen, dass Björn die Aufgabe nur etwa zur Hälfte ausführen konnte. Nach einigen Tagen entspannte sich etwas in ihm und er wagte es, „kleine Dinge" aufzulisten, wie er sagte. „Kleine Dinge", die er aber gut fand. Zum Beispiel dass er seine Frau bei einer Begrüßung bewusst umarmt hatte und merklich länger in dieser Umarmung geblieben war als sonst. Oder dass er einem Musikerfreund eine E-Mail geschickt hatte mit dem Vorschlag, im Herbst einige kleinere Konzerte zu spielen.

Sich selbst anzuerkennen und wertzuschätzen – für die *vermeintlich* kleinen Dinge des Alltags und auch für den persönlichen Lebensweg – kräftigte und ermutigte Björn sehr. Er fing an, in der Musikschule klarer und nachdrücklicher seine Interessen zu vertreten, reflektierte im Coaching immer wieder seine Emotionen, seine inneren und äußeren Hürden. Nach einigen Monaten war für ihn das Ziel erreicht.

Mit der Selbstliebe tun wir uns schwer, weil wir sie – mindestens unbewusst – für lebensgefährlich halten. Der Mythos von Narcissus[17] lehrt, dass ein Selbstverliebter beziehungslos und existenziell allein ist, weil es für ihn keine Welt außerhalb der eigenen gibt, und wenn, dann nur als erweiterte Gelegenheit zur Selbstbewunderung. Deshalb ist er von der Wirklichkeit des Lebens getrennt und letztlich so nicht überlebensfähig. Die unerfüllbare Sehnsucht nach sich selbst, die hoffnungslose Liebe zum eigenen Spiegelbild führt Narcissus ins Verderben. Die Angst sterben zu müssen, wenn wir uns selbst lieben und bewundern, ist mächtig. Doch nicht Selbstliebe ist gefährlich, sondern die Mythen, die wir darum gesponnen haben. Diese halten eine Sicht der Welt aufrecht, an der wir zugrunde zu gehen drohen. Wir müssen die Narziss-Geschichte neu schreiben. Dafür haben wir keinen besseren Ort als unser eigenes Leben. Auf wen oder was sollten wir warten, bevor wir den Schritt wagen und bekennen:

Ich bin richtig gut.
Ich liebe und bewundere mich.
Wie schön, dass es mich gibt!

Es war der Psychoanalytiker Heinz Kohut, der vom „Glanz im Auge der Mutter“[x17] sprach. Er verstand unter Narzissmus ein gesundes Selbstwertgefühl, das der Mensch in der Beziehung zu anderen erst entwickeln muss. Dieses Gefühl für den eigenen Wert entsteht im Säuglingsalter in der Spiegelung durch die Mutter, eben durch den Glanz in ihren Augen, den das kleine Kind nur durch sein reines Sein bewirkt. Dieses Leuchten vermittelt „Ich bin verzückt von dir, so wie du bist, jetzt.“ Es ist die Basis für das Willkommensein in dieser Welt. Und damit für das Willkommensein in sich selbst, das meist verschüttet wird im Laufe der Erziehung und dann wieder mühsam freigeschaufelt werden muss. Wäre es lächerlich, wenn wir als Erwachsene zu unserem inneren Kind sagten: „Ich liebe

[17] Ovid, Metamorphosen

und bewundere dich. Ich bin glücklich, dass es dich gibt."? Hätte es etwas Seltsames, wenn wir das kleine Kind in uns bedingungsloser und konsequenter lieben würden als unsere eigenen Eltern mit ihren Begrenzungen dies je konnten? Das bedeutete jedenfalls nicht, die eigenen Fehler nicht sehen zu können oder blind zu sein für Defizite und Schwachstellen. Im Gegenteil, wir könnten uns dann eher in der Gesamtheit unserer Menschlichkeit wahrnehmen und verantwortungsvoll damit umgehen. Wir müssten weniger bis nichts mehr beweisen oder rechtfertigen, sondern könnten unsere Energie und Kreativität dazu nutzen, Verhalten und Eigenschaften entstehen zu lassen, die uns fördern und die wir selbst und andere voll begrüßen können.

Der Blick des Anderen ist der Tod meiner Möglichkeiten

Fast hat es den Anschein, als ob wir alle gemeinsam in ein Komplott verstrickt sind. Denn wir liefern uns gegenseitig immer von neuem Beispiele dafür, wie klein und unvollkommen wir sind. Kaum wagt es jemand, von seiner eigenen Größe zu sprechen, schon weisen wir ihm nach, dass auch er im Grunde nur ein aufgeblasener Angeber und Gernegroß ist. ‚Wie Krebse in einem Eimer, sobald einer von ihnen versucht herauszuklettern, hängen sich alle anderen an ihn dran und ziehen ihn wieder zurück'. Das lässt Elizabeth Gilbert die Protagonistin ihres Romans „Der Hummerkrieg" bildhaft denken, als einer der Hummerfänger Neues ausprobieren will und dafür von den Inselbewohnern verspottet, verlacht und isoliert wird. Der so erzeugte Kontext menschlicher Wirklichkeit lähmt die natürliche Entwicklung, das Wachstum der uns innewohnenden Größe. Oder erstickt sie ganz. Sinngemäß nach Jean-Paul Sartre gesprochen: Der Blick des Anderen ist der Tod meiner Möglichkeiten, unter dem Blick des Anderen erlebe ich mich wie erstarrt inmitten der Welt, wie in Gefahr, wie einen, dem nicht zu helfen ist ... Die Möglichkeit, menschliche Größe zu leben, ist alles andere als selbstverständliches Allgemeingut. Stattdessen wird sie einigen wenigen Menschen zugeschrieben, die zu Helden stilisiert werden. Zu Wesen, die nicht mehr einfach nur Menschen sind. Wenn wir uns unserer selbst schämen, uns kritisieren und klein machen – oder uns narzisstisch aufblasen als die andere Seite derselben Medaille –, dann laden wir andere ein, uns ebenfalls so zu sehen. Wir geben ihren kritischen, abwertenden, entmutigenden Äußerungen über uns Raum und Kraft. Dabei gibt es gelebte Momente von Größe in unserem eigenen Leben, Gebiete, in denen wir groß sind, Lebensbereiche, in denen wir transformiert und freie, erwachsene Gestalter unseres Lebens sind.

Es braucht den Mut und die tiefe Einsicht in diese Dynamik, damit wir uns bewusst darin zu unterstützen, unsere wundervollen Seiten zu zeigen, dass wir offen und realistisch von unserem riesigen

Potenzial sprechen, von unserer Kompetenz und Großartigkeit, und ihr damit die Möglichkeit bieten sich noch mehr zu entfalten. Wir wissen trotzdem um unsere Bedingtheit, Begrenzung und Unvollkommenheit. Wenn wir uns gegenseitig fördern, menschliche Größe zu einer Selbstverständlichkeit in unseren Ehen, Familien, Unternehmen, Gemeinschaften werden zu lassen, üben wir auf vereinzelten Inseln – die dann zusammenwachsen und immer größere Areale bilden. Wir werden dann unsere Größe in immer mehr Bereichen unseres Lebens ausdrücken, statt uns selbst und andere kleinzuhalten. Das setzt voraus, bewusst die zu diesem Vorhaben passenden Freunde und Freundinnen zu wählen. Jenseits der kindlichen Hoffnung, eines Tages am Ziel angekommen zu sein: Der Weg und das Ziel werden immer neue Formen annehmen. Transformation ist ein Prozess und kann nur da beginnen, wo wir gerade sind. Beispielsweise in Beziehungen zu Menschen, die wir Liebespartner nennen.

Den folgenden Gedanken von Marianne Williamson[x19] machte Nelson Mandela weltberühmt, indem er ihn 1994 in seine Antrittsrede als Präsident von Südafrika einbaute:

> *„Unsere tiefgreifende Angst ist nicht, dass wir ungenügend sind. Unsere tiefgreifende Angst ist, über das Messbare hinaus kraftvoll zu sein. Es ist unser Licht – nicht unsere Dunkelheit – die uns am meisten Angst macht. Wir fragen uns, wer bin ich, mich brillant, großartig, talentiert und fantastisch zu nennen? Du bist ein Kind Gottes. Sich selbst klein zu halten, dient nicht dieser Welt.*
>
> *Es ist nichts Erleuchtetes daran, sich so klein zu machen, dass andere um dich herum sich nicht unsicher fühlen. Wir sind alle bestimmt zu leuchten, wie es Kinder tun. Wir sind geboren worden, um den Glanz Gottes – der in uns ist – zu manifestieren. Er ist nicht nur in einigen von uns, er ist in jedem Einzelnen. Und wenn wir unser eigenes Licht erscheinen lassen,*

geben wir unbewusst anderen Menschen die Erlaubnis, dasselbe zu tun. Wenn wir von unserer Angst befreit sind, befreit unsere Gegenwart automatisch andere.“

Jenseits des Kampfes

Der Andere ist ein anderer! Das klingt wie eine ziemlich banale Feststellung. In Wahrheit beinhaltet die Aussage viel mehr: Sie ist eine nachhaltig wirkungsvolle Weisheit für dauerhaft gelingende, also erwachsene Liebesbeziehungen. Das So-Sein des Anderen ist so einzigartig wie deines. Unweigerlich löst es So-Sein *bei dir* aus. Es ist ein sich stets veränderndes Zusammenspiel zahlloser Einflüsse: biographische, kulturelle, soziale, gesundheitliche, hormonelle … Wichtig ist, dass du dich daran erinnerst und erinnern lässt, immer wieder. Neulich fand ich eine einfarbige Postkarte mit genau dieser einfachen klaren Botschaft:

„Weißt du, ich bin nicht so wie du!"
Lass dich daran erinnern.

Ein Freund hat zu diesem Thema eine verbindende Meditation ersonnen: Du sitzt deinem Partner gegenüber, ihr schaut euch eine Weile in die Augen. Wenn die Zeit reif ist, sagt einer von euch „Ich bin ich. Und du bist du". Zur gefühlt richtigen Zeit sagt der andere denselben Satz. So geht das abwechselnd hin und her, bis einer von euch beiden sagt „Ich bin du und du bist ich". Auch diesen Satz sprecht ihr solange abwechselnd, mit Pausen zum In-die-Augen-schauen, bis sich einer von euch für die Zeit miteinander bedankt. So klingt die Meditation aus.

Wann gefällt uns Menschen das, was gerade ist? Wenn sich in uns ausgelöstes So-Sein gut anfühlt. Der Moment bekommt dann ein Gütesiegel. Vielleicht auch die Beziehung, wenn zu diesem Wohlfühl-Moment eine andere Person ursächlich beigetragen hat. Dann sagen wir, wir mögen den anderen. Das ist soweit alles in Ordnung. Schwierig bis problematisch wird es, wenn wir Seins-Zustände ablehnen, die sich nicht gut anfühlen. Wenn wir sie so vehement ablehnen, dass wir auch die Menschen ablehnen, die dieses So-Sein direkt oder indirekt mit bewirken – und daraus Gegner oder sogar Feinde werden. Denn das bedeutet Kampf. Im Innen wie im Außen. Derlei geschieht in nicht privaten Lebensbereichen, beispielsweise im beruflichen Kontext, es geschieht auch zuhause, in Liebesbeziehungen. Wenn auch subtiler. Es mag erneut naiv klingen: Wer nichts *braucht* von einer Person oder Situation, wer nichts reparieren oder wer keine Löcher stopfen will, weil er sich an sein vollständiges eigenes Sein ankoppeln oder seine eigenen Gedanken überprüfen kann, der findet leichter zu einem „ja“ zu dem Moment, egal ob er angenehm oder unangenehm ist. Oder ist es umgekehrt? Wenn ich „ja“ sage, *brauche* ich nichts? Dann will ich nichts reparieren und keine Löcher stopfen? Eine gute Frage. Lernen wir von den Lebens-Lehrern der Gegenwart, einmal mehr Eckhart Tolle[x20]:

> *„Das Schöne ist doch, dass man das neue Bewusstsein nicht erwerben muss. Man braucht es nur zuzulassen. Und wie macht man das? Einfach indem man zulässt, dass dieser Augenblick so ist, wie er ist. Das ist das So-Sein des Jetzt. Alles was je da ist. Und das Jetzt nimmt vielerlei Form an, es ist immer das Jetzt. Formen entstehen darin, Formen, die sich wieder auflösen. Es ist immer das Jetzt. Man bringt sich mit dem Jetzt in Einklang, um sich seiner selbst bewusst zu werden.“*

Das „ja“ zum Moment führt in die Verbundenheit und in die Liebe. Dann *kann* aus So-Sein, das uns nicht gefällt, nicht mehr Kampf erwachsen. Er existiert nicht mehr. Kämpfen *müssen* ist Ausdruck einer Ich- *oder* Du-Welt, in der es Freunde *oder* Feinde, Gewinner *oder* Verlierer geben *muss.* Diese Welt haben heute so viele Menschen hinter sich gelassen – oder sind dabei das zu lernen –, dass wir die Chance haben, Liebesbeziehungen jenseits der Dimension von Kampf zu entfalten.

Wir können die erwachsene Liebe als normalen Kontext von Liebesbeziehungen etablieren.

Sicher, auch dann werden Geschlechterunterschiede und die irritierende Andersartigkeit des Partners Schwierigkeiten und

Reibungsverluste mit sich bringen. Wir werden weiterhin darum ringen, diese Phänomene in die Beziehung einzuarbeiten, zu integrieren. Der Rahmen von Kampf, um in Bewegung zu bleiben, wäre jedoch überwunden. Stattdessen wirkten Staunen, Neugierde und Berührtheit vom Anders-Sein des Gegenübers in uns. Wahrscheinlich kennen wir alle einige Paare, die Beziehungen ohne Kampf leben und den Konflikt nicht scheuen. Beziehungen, in denen Echtheit, Wachstum und Intensität dankbar empfangene Geschenke sind. Ich staune immer wieder über Liebende, die sich ein- und mitfühlend schonungslos zumuten, was in ihrem miteinander Sein so alles auftaucht. Und dabei die Erfahrung machen, dass das So-Sein des anderen nicht als manipulierend und verletzend erlebt werden muss, sondern im Zusammenspiel mit dem eigenen So-Sein ein lustvoller, lebendiger Tanz wird.

Was ermöglicht diesen Tanz?
Auf jeden Fall Selbstannahme.
Und die Klarheit, …

- dass du ein vollständiger Mensch bist und für dein Überleben nicht auf einen spezifischen anderen Menschen angewiesen bist – so wie du weißt, dass die Sonne scheint, auch wenn du sie nachts oder an bedeckten Tagen nicht sehen kannst.
- dass es zwischen Rolle und Person einen Unterschied gibt, bei dir selbst genauso wie bei deinem Partner. Und dass sich Rollen verstricken können, dies jedoch nicht notwendigerweise zum Kampf führen muss, denn Verstrickungen können sich auflösen.
- dass Selbstannahme und Selbstliebe nicht davon abhängen, welche Arten von Rollen du in deinen Beziehungen spielst und wie du sie spielst.
- dass Dinge beginnen und enden und auch eine Liebesbeziehung zu Ende gehen darf, sollte deren Zeit gekommen sein.

Es hält wach, wenn man sich dieses Wissen immer wieder vergegenwärtigt. Im Training zu sein, regelmäßig zu üben ist daher entscheidend. Und sich immer wieder unterstützen zu lassen, ohne etwas Bestimmtes erreichen zu müssen. Das Geschenk ist eine *strapazierfähige geistige* Basis, Liebesbeziehungen ohne Kampf leben zu können. Zumal Freiheit und Verbindlichkeit keine Gegensätze sind, im Gegenteil: Verbindlichkeit *ist* Freiheit, wenn sie in voll gelebter Selbstverantwortung vom erwachsenen Ich zum erwachsenen Ich gesprochen ist. Das erlaubt uns, ein Verhalten zu vereinbaren und unter Fortgeschrittenen vielleicht sogar *Haltungen*, aus denen sich vereinbartes Verhalten ergibt oder ergeben kann – für das Gelingen *gemeinsamer* Vorhaben.

Mehrfachbeziehungen – heute hier morgen dort?

Kommt es häufiger als früher vor, dass Männer und Frauen in Liebesbeziehungen erschüttert werden, weil sich der Partner einem weiteren Menschen liebend zuwendet? Oder kriegen wir diese Erschütterungen in Zeiten von Reality TV und fragwürdiger Talk-Shows einfach nur mehr und direkter mit als früher? Oder liegt es daran, dass wir heutzutage offener über unsere Liebesthemen reden und versuchen, mit unseren Emotionsstürmen zurechtzukommen, weil wir heute mehr Mut zu offener Konfrontation haben? Weil uns deswegen niemand mehr am nächsten Baum aufhängt? Auf den nächsten Scheiterhaufen stößt? Wahrscheinlich liegt die Wahrheit in einer Mischung aus alledem. Fakt ist, dass in Coaching- und Therapiestunden das Thema Mehrfachbeziehungen immer häufiger zur Sprache kommt. Es scheint so etwas wie ein Trend zu werden, dass sich Menschen plötzlich im Wildwasser der Transformation von Liebesbeziehungen wiederfinden. Auch dadurch, dass sich mehr und mehr Paare mit der Option eines Dritten beschäftigen – und dieser Dritte nicht (mehr) zwangsläufig das Ende der bestehenden Liebe bedeuten muss. Nicht, weil es keine Eifersucht mehr gäbe, keinen Schmerz, keine Angst vor dem Verlassenwerden. Die Gründe vermute ich vielmehr in gesellschaftlichen wie in individuellen Phänomenen: Heute können wir uns offener mit unseren inneren Vorgängen auseinandersetzen, weil wir nicht sofort und gnadenlos gesellschaftliche Ächtung befürchten müssen. Und wir wagen es, weil wir heute mehr Werkzeuge zur Verfügung haben und offener und trainierter sind im Umgang mit Emotionen als irgendeine Generation vor uns.

Wir tauchen in etwas ein, das weit über das hinausgeht …

Es zeichnet sich ein neues Verständnis der Bezogenheit von *Ich* und *Nicht-Ich* ab. Insofern steht die klassische Zweierbeziehung zur Transformation an – in dem Sinne, dass wir nicht mehr nur *diese* Form von Beziehung als die einzig mögliche und einzig richtige betrachten müssen. Mehrfachbeziehungen genießen jenseits des Mainstreams ein erstes zartes Existenzrecht. Denn es geht um menschliche *Freiheit* in Beziehungen, darum, was es heißt, in einer Beziehung authentisch der sein zu können, der man jetzt ist. Wir begegnen uns zwar immer in Rollen, können aber zur selben Zeit durch die Rolle hindurch unser Selbst aufleuchten lassen, dieses einzigartige Wesen, das wir jenseits jeder Form und Rolle sind. So dass wir dann wunderschöne, liebende Geschichten miteinander schreiben, inszenieren und darin aufgehen können. „Mehrfachbeziehung" oder „Freie Liebe" bedeutet nicht, möglichst *viele* Beziehungen zu Liebespartnern zu haben. Die Assoziationen, die diese Begriffe auslösen, schießen bei vielen Menschen ins Kraut. Es geht auch nicht darum, aus einem weiterhin bestehenden Kontext von Mangel, Manipulation und schlechtem Gewissen etwas Anderes oder Besseres haben zu wollen, als die Zweierbeziehung ist. Im Sinne eines etwas bunter und aufregender ausgestatteten Arrangements, in dem sich aber dennoch Kleinmut und Besitzenwollen die Hand geben. Nein, es geht um die Freiheit des Seins in Liebesbeziehungen. Wirklich ernst gemeint sind dann naturgemäß *alle* Formen von Beziehungen als Ausdrucksmöglichkeit von Liebe eingeschlossen. Wer kann schon wissen, was richtig und was falsch ist in der Liebe – jenseits moralischer Überhöhung oder fundamentalistischem „Ich weiß wie's geht"? Wer will sich anmaßen, anderen Menschen vorzuschreiben, wie sich ihre Liebe auszudrücken hat?

Der Paartherapeut Ulrich Clement[x5] hat sich dem Thema erfahrungs- und geistreich gewidmet. Sein Buch „Wenn Liebe fremdgeht" hat er mit einer Fülle nachfühlbarer Praxisbeispiele bestückt. Beispiele inklusive Analysen, die zeigen, wie Paare mit One-Night-Stands, Affären und offenen Beziehungen umgehen und leben. Klar, dass das Buch im Paradigma der Zweierliebe geschrieben ist. Clement benutzt Begriffe wie „Seitensprung", „betrogen werden", „fremdgehen" – eine Sprache, die den Anspruch, den Bezug, den

Besitz unmissverständlich festschreibt. Aber der Autor kann auch nicht anders, will er eine Leserschaft erreichen und verstanden werden.

Natürlich brauchen auch Mehrfachbeziehungen einen Rahmen, in dem sie sich entfalten können; so wie wir das von der klassischen Ehe und der exklusiven Zweierbeziehung her kennen. Wir müssen uns Strukturen einfallen lassen, die ein Mindestmaß an Planbarkeit und Kontinuität ermöglichen, dort, wo es notwendig ist. Beispielsweise für Eltern und Kinder oder für Beziehungen, in denen es um gemeinsame Projekte und Unternehmen geht. Das ist die Welt des Wortes, der vereinbarten Werte und Ziele, der strukturellen Bezogenheit. Daneben gönnen wir uns Raum für eine andere Welt, die wir mutig und herzoffen immer wieder betreten. Eine Welt des Seins, die keine Voraussagbarkeit kennt und kennen kann, um erfüllt zu sein. Dort geht es darum, kühn zu sein und zu lieben, wenn Liebe sich zeigen und offenbaren will. In Liebe zu SEIN: mit einer Person, mehreren Menschen, mit Dingen, in Situationen, mit jedem Gegenüber in einer einzigartigen, nicht zu vergleichenden, in sich gründenden Beziehung. Jede dieser Beziehungen ist in jedem Moment in sich erfüllt. Sie darf jederzeit sterben, hat keinen Anspruch auf Dauer. Sie hält, solange sie hält. Ewig und tausendundeine Nacht. Oder den Bruchteil einer Sekunde.

- Wie es *nicht* gehen kann:

Jürgen und Dorothee, beide Anfang Vierzig, entschlossen sich, den Psychotherapeuten zu konsultieren. Beim ersten Treffen in der Praxis war die explosive Stimmung zwischen den beiden mit Händen zu greifen. Sie vermieden jeglichen Augenkontakt miteinander. Lange herrschte gespanntes Schweigen, bis Dorothee mit kaum hörbarer Stimme zu erzählen begann. Sie sind jetzt seit 15 Jahren zusammen, sagte sie, haben vier Kinder, das Jüngste ist noch klein. Sie weiß nicht mehr ein noch aus, die aktuelle Situation erscheint ihr aussichtslos. In all den Jahren hatten sie es miteinander nicht leicht gehabt, immer wieder mal auch von Trennung gesprochen, sich dann „halt wieder zusammengerauft, auch den Kindern zuliebe“. Aber glücklich waren sie nicht gewesen. „Wir haben auch immer wieder darüber gesprochen, dass wir ja das, was wir uns an Nähe und Zärtlichkeit nicht schenken können, vielleicht bei anderen suchen könnten“, erzählte Dorothee weiter. „Gewagt haben wir es nie, aus Angst vor dem Risiko.“ Bis sie sich vor einem Jahr in einen anderen Mann verliebte. Anfänglich war alles wunderschön, sie lebte, wonach sie sich immer gesehnt hatte. Ihr Mann zeigte Verständnis, „er erlaubte mir diese Beziehung“, sagte sie, „aber dann ist offensichtlich geworden, dass er wie ein Tier unter der Situation litt.“ Noch schlimmere Sprachlosigkeit als zuvor machte sich zwischen ihnen breit. Für Dorothee wurde die Situation immer belastender, und die Beziehung zu ihrem Freund verlor die unbefangene Freude und Leichtigkeit. Dorothee verging die Lust schnell. Schuldgefühle, Groll, Sehnsucht, Verzweiflung, alles verknotete sich unentwirrbar. Sie hatte genauso Angst, von ihrem Mann bestraft zu werden wie ihn zu verletzen, sie fing an zu lügen. „Immerhin ist es uns gelungen, den äußeren Rahmen wenigstens einigermaßen aufrechtzuerhalten“, sagte sie abschweifend. Die Kinder hätten das Ganze mitbekommen und sich auch verändert. Aber irgendwie sei es das Paradies gewesen im Vergleich zu heute. „Nach einigen Monaten habe ich die Beziehung zu meinem Freund abgebrochen“, berichtete Dorothee, „weil ich gemerkt hatte, dass ich auf die Dauer so nicht leben konnte.“ Schwer sei es ihr schon gefallen. Aber statt sich zu freuen, sei ihr Mann nur noch muffiger geworden.

An dieser Stelle unterbrach Jürgen erregt. Bisher hatte er schweigend, mit starrem, gesenktem Blick auf seinem Stuhl gesessen, nur sein nervöses Wippen mit dem Fuß hatte seine Anspannung gezeigt. Sie habe sich nicht zu wundern brauchen, dass er sie nicht mit warmen Tränen der Liebe und Erlösung in die Arme geschlossen habe, als sie ihm vom Ende der Beziehung zu dem anderen Mann erzählt habe. „Schließlich hat sie mir deutlich zu spüren gegeben, dass *ich* schuld bin. *Ich* habe es ihr vermiest.“ Jürgen fand das gemein, er habe sich doch solche Mühe gegeben. Und dann versuchte das Paar Gras über die Sache wachsen zu lassen. Aber irgendwie war beiden klar, dass nichts mehr so war wie vorher. „Und jetzt habe ich mich in eine andere Frau verliebt, vor einigen Monaten“, platzte es aus Jürgen heraus. Nach anfänglicher Begeisterung und „dem Gefühl von Freiheit“ ist alles nur noch viel schlimmer geworden, sprach er weiter. Seine Frau sei extrem eifersüchtig, was er eine Frechheit finde. *Sie* sei ja schließlich als erste ausgebrochen, jetzt müsse sie ihm auch zugestehen, was er ihr zugestanden habe. Die beiden gerieten in der Praxis in heftigen Streit, in dem es unter anderem um uralte offene Rechnungen ging. Sie nagelten sich gegenseitig fest mit Sätzen wie „Du *bist* so!“ und verlangten vom anderen gleichzeitig ultimativ und bedingungslos, anders zu sein. Sie erinnerten in ihrem Verhalten an Vierjährige, die sich in die Ecke gedrängt fühlen und in ihrer verzweifelten Not nur noch um sich schlagen. So verfangen waren sie in ihrer destruktiv eskalierenden Auseinandersetzung, dass es fast schien, als hätte sich eine dunkle hypnotische Wolke über sie gelegt. Anschließend schämten sie sich über das eigene Verhalten, was aber das Karussell der gegenseitigen Zerfleischung nur noch beschleunigte.

Nach einiger Zeit gelang es, einen mühsamen Waffenstillstand zwischen Dorothee und Jürgen herzustellen. Er hielt zumindest insoweit, dass der Therapeut einige Fragen stellen und sich ein ungefähres Bild ihrer Lebenssituation und Biografie machen konnte: Ihr derzeitiges Zusammenleben war die Hölle. Bei geringsten Anlässen kam es immer wieder zu lautstarken Auseinandersetzungen, zu explosivem Ausrasten, Tätlichkeiten, Suiziddrohungen, Alkoholmissbrauch. Das verschlimmerte das Ganze nur noch und wirkte sich stark auf ihre Kinder aus, die in Schule und Kindergarten immer häufiger aneckten. Dorothee und Jürgen waren beide in Familien aufgewachsen, in denen sie von Anfang an keine wirklich tragfähige existenzielle Basis hatten. Beider Eltern hatten reichlich mit sich selbst zu kämpfen und erfüllten ihre Erwachsenen- und Elternfunktionen nur unzureichend. Sie konnten ihren Kindern nicht vermitteln, dass da jemand Starkes war, auf den man sich verlässlich stützen konnte, der einem klare Orientierung beim größer werden gab. Ihre komplette Kindheit hindurch fühlte sich Dorothee allein. Jürgen ebenso. Ihr Bedürfnis nach Geborgenheit und Willkommensein hatten beide nie erfüllt bekommen. Im Gegenteil, sie wuchsen in einem emotionalen Klima auf, in dem einerseits verschlingende Nähe und brüske, nicht nachvollziehbare Zurückweisung andererseits durch ein Elternteil an der Tagesordnung waren.

Mit der Tapferkeit, die Kindern auch in verrückten Situationen eigen ist, hatten sie sich einen Reim auf „das Leben" gemacht. Und Verhaltensmuster ausgebildet, mit denen sie so gut wie eben möglich über die Runden kamen. Mit der Zeit eigneten sie sich Fertigkeiten und Charaktereigenschaften an, mit denen sie in der äußeren Realität einigermaßen funktionieren konnten. Aber hinter dieser Fassade blieben sie kleine, hilflose Kinder, hin und her gerissen zwischen ungeheurer Sehnsucht nach Wärme, Nähe, Geborgenheit und Geliebtsein. Und der Angst, enttäuscht und zurückgestoßen zu werden. Beide waren früh aus ihren Elternhäusern geflohen, hatten sich „gefunden", wie sie sagten. Sie taten sich zusammen in der Hoffnung, beim anderen Verständnis zu finden und endlich das zu bekommen, wonach sie sich immer gesehnt hatten. Gerade *weil* der andere ein ähnliches Schicksal hinter sich hatte. Wie das häufig der Fall ist, wenn zwei Menschen mit Krücken sich zusammentun, um endlich richtig laufen zu können, ging das nicht lange gut. Sie merkten schnell, dass der Andere nicht die Figur war, nach der sie sich unbewusst so gesehnt hatten. Ihnen wurde klar, dass sie beide Hoffende ohne Adressaten waren. Lange bestand ihr Weg als Paar darin, ihre Sehnsüchte und Bedürfnisse für sich zu behalten, miteinander auf Sparflamme zu leben und einen geregelten Alltag hinzubekommen. Aber unterschwellig dem anderen doch immer zu grollen, weil er einen enttäuscht hatte. Sie hatten resigniert, und das war der Rahmen, in dem die Gespräche über eine mögliche Erfüllung ihrer emotionalen Bedürftigkeit außerhalb ihrer Beziehung entstanden.

Verständlicherweise musste dieses Experiment fehlschlagen. In dem Moment, als das bisher mühsam aufrechterhaltene Gleichgewicht durch die Veränderung der Beziehungsdefinition kippte, strebten die verdrängten Impulse mit Macht an die Oberfläche. Beide fanden sich heftigsten Emotionen ausgeliefert, die primär den eigenen Eltern galten, aber auf den Partner projiziert wurden. Beide waren sie unter der dünnen Politur eines Erwachsenenverhaltens die kleinen Kinder von damals, die nun auslebten, was sie nie hatten ausleben können. Nachdem diese Dynamik einmal in Gang gekommen war, war sie kaum mehr zu stoppen. Beide sahen zwar ein, dass sie mit ihrem unbearbeiteten biografischen Hintergrund nicht imstande sein *konnten*, sich in das Experiment einer offenen Beziehung einzulassen. Aber die Einsicht war eines, und die ungeheure Energie, die hervorbrach, nachdem der jahrelang fest verschraubte Deckel gelockert war, ein anderes. Es gelang dem Therapeuten mit Mühe, die beiden zu bewegen, nicht mit weiteren Liebesbeziehungen zu experimentieren, sondern sich in Einzeltherapien erst einmal selbstverantwortlich mit dem eigenen inneren hilflosen, im Stich gelassenen, überforderten kleinen Kind auseinanderzusetzen und es wachsen zu lassen. Zwar machte sie das nicht zufrieden mit ihrer Lebenssituation, aber sie schafften es zumindest, die destruktive Eskalation zu stoppen.

Sich liebend auf das Experiment einer Beziehungsöffnung einzulassen, setzt eine gewisse *Reife* voraus. Mehrfachbeziehungen kommen nur dann in den Bereich des eventuell Möglichen, wenn die Beteiligten ihre Verletzungen, Kränkungen und enttäuschten Sehnsüchte ihrer Biografie zumindest soweit bearbeitet und hinter sich gelassen haben, dass sie – zumindest häufig – geistig und emotional präsent bleiben können, wenn es brenzlig wird. Dass sie sich nicht mitreißen lassen, wenn der andere, angetippt durch irgendein Vorkommnis in der Beziehung, innerlich per Express in die Kindheit rast und die Defizite von damals auszugleichen versucht. Wir müssen nicht vollkommen sein, um uns auf ein solches Experiment einzulassen. Aber wenigstens zwei Voraussetzungen müssen gegeben sein: Zum einen sollten wir wissen, dass die heftigen Gefühle und Emotionen, in die wir uns in einer solchen Situation hineingezwungen fühlen können, mit dem Gegenüber und der jetzigen Situation nur bedingt etwas zu tun haben. Wir müssen uns in einigermaßen zeitlicher Nähe zur Situation erinnern (lassen) können, dass diese Turbulenzen ihre Wurzeln weit jenseits der Zeit haben, bevor unser jetziger Partner in unser Leben getreten ist. Alle Emotionen, die tief, bohrend und hartnäckig sind, haben eine entsprechende Vergangenheit. Emotionen, die nur aus der aktuellen Situation entstehen, können zwar durchaus heftig sein, sie sind aber weit weniger zerstörerisch und vor allem flüchtig. Zum anderen setzt eine Beziehungsöffnung die Bereitschaft in uns voraus, so kontinuierlich an uns zu arbeiten, dass auch in kritischen Situationen der Sicherheitsabstand zu einem wirklich zerstörerischen Verhalten gewahrt bleibt. Damit rückt das Prinzip Selbstverantwortung ins Zentrum der Aufmerksamkeit. Sich unter anderen Bedingungen als den eben genannten darauf einzulassen, eine Beziehung für einen dritten oder vierten Liebenden zu öffnen, ist in aller Regel die Eintrittskarte in die Hölle. Individuelles wie gemeinsames Wachstum kann dann höchstens nach dem Prinzip erfolgen, dass auch im Leiden und im Chaos die vage Möglichkeit besteht, die Wunden der Vergangenheit zu heilen. Aber das ist sehr unwahrscheinlich.

Es gibt sie: Liebe mit erweitertem Treueverständnis

Noch kenne ich niemanden, der über einen längeren Zeitraum – sagen wir einige Jahre – zwei oder gar mehr *gleichwertige* Liebesbeziehungen lebt oder gelebt hat. Liebesbeziehungen im Sinne von Verbindungen, in denen die erlebte Tiefe und Verbindlichkeit mit mehreren gleich intensiv sind. Nach meinen Beobachtungen gibt es im westlichen Kulturkreis auch bei Menschen, die sich gleichzeitig auf mehr als einen Partner einlassen, auf irgendeine Art trotzdem eine ‚Nummer 1'. *Eine* Person, auf die man sich letztlich bezieht mit seinen intimsten Fragen, seinem innersten Lebensentwurf. „Man kann sicherlich mehrere Menschen lieben. Es wäre unsinnig, das zu bestreiten", erläuterte der Philosoph und Autor Sven Hillenkamp in einem 3sat-Fernsehbeitrag[X21] mit dem Titel „Was wir wollen", nämlich Glück. „Aber Liebe hat natürlich etwas damit zu tun, dass man einem anderen Menschen Platz im eigenen Leben und auch Platz in sich selbst einräumt. Und dieser Raum im Inneren ist *begrenzt*. Selbst wenn man das Gefühl hat, mehrere Menschen zu lieben, hat man keinen unbegrenzten Raum (…). Man kann nicht darüber nachdenken, was zehn Menschen in der letzten Woche gesagt haben. Man kann nicht in gleicher Weise, wie man das mit einem oder zwei Menschen kann, das mit ganz vielen Menschen tun."

Es ist nach meinem Gefühl eher die weibliche Polarität, die in der Lage sein könnte, zwei, vielleicht drei einigermaßen gleichwertige Liebesbeziehungen zur selben Zeit zu leben. Die männliche Polarität ist es eher nicht, sondern der Mann des 21. Jahrhunderts ist mehrheitlich zunächst mit seiner Herzöffnung beschäftigt, sich seinen Gefühlen zu widmen, und damit Mut aufzubauen, hinaus zu segeln auf dieses weite Meer, das eine liebende Frau per se *ist*. Den meisten Männern von heute ist in der Regel zunächst *eine* Frau Sehnsucht und Herausforderung genug. Der Wunsch, sexuell nicht nur mit dieser Frau zusammen zu sein, möglicherweise mit mehreren Frauen sexuell befreundet zu sein, bleibt davon allerdings unberührt. Sexuelle Freundschaften zu haben, körperliche Lust und sinnliche Freuden mit mehr als dieser *einen* Person zu erleben, ist etwas anderes als gleichwertige Liebesbeziehungen mit ihnen innewohnenden Visionen und Träumen zu leben. Und es ist sehr wohl möglich. Ich spreche von sexueller Erweiterung, die sich von selbst ergeben möchte, weil sich plötzlich einer der Liebespartner von einem Dritten angezogen fühlt. Es geht explizit nicht um sexuelle Begegnungen außerhalb der Beziehung zu dem Zweck, den Sex zuhause frisch zu halten oder sich Wünsche zu erfüllen, die man sich dem Liebespartner gegenüber nicht auszusprechen und schon gar nicht zu leben wagt. Erfüllende Sexualität zu zweit ist keinesfalls auf Ausflüge in die große weite Welt angewiesen. Zwei Liebende können sich selbst genügen, mitunter ein ganzes Leben lang. Und dennoch: Sich sexuell frei bewegen zu *dürfen*, basierend auf einem erweiterten Verständnis von Treue, kann durchaus zu mehr Intensität und liebendem Miteinander eines Paares führen – ein innerhalb des klassischen romantischen Liebes- und Weltbilds unvorstellbare und bedrohliche Aussage!

Ein erweitertes Treueverständnis bedeutet beispielsweise, der Verbindung und Partnerschaft treu zu sein, dem Wachstum des anderen treu zu sein. Und Treue nicht mehr nur als Synonym für sexuelle Exklusivität zu verstehen. Für diese Beziehungsform – besonders für die offene Monogamie – kenne ich viele gute Beispiele, meine eigene Vita inklusive. Die spannende Frage bei dieser Art zu leben ist, ob die Beteiligten bereit und wach genug sind, eine Zweierbeziehung in *liebender* Art auf einen Dritten oder Vierten auszudehnen: behutsam, zart, auch kleinsten Unstimmigkeiten lauschend und sie berücksichtigend, und in aller Regel offen, rückhaltlos ehrlich miteinander zu sprechen. Diese Art Treue könnte so klingen:

„Wohin Du auch wächst, dorthin will ich mein Herz weiten. Wie tief auch dein Schmerz sei, ich will ihn fühlen. Wie hoch auch deine Sehnsucht reicht, ich lasse dich ihr folgen. Neigt dein Herz sich einem anderen zu, so will ich deine Liebe teilen; strebt meines nach einem anderen, so will ich doch niemals dich aus meinem Herzen verbannen. Ich strebe nach Wahrheit und weiß uns in der Wahrheit vereint; so bitte ich dich, meinen Weg gehen zu dürfen, wohin er auch führt, mit deinem Segen:

und deinen Weg zu gehen, wohin er auch führt; meine Liebe begleitet dich. Wahrheit ist die einzige Nahrung, die unsere Liebe nährt."[18]

So zu leben setzt voraus und erleichtert es ungemein, dass Mann und Frau sich in ihrem sozialen Umfeld nicht vor Verurteilung und Ausgrenzung zu fürchten brauchen, wenn sich ihr Eros mehr als *einem* Anderen widmet. Weil die sexuelle Energie als Lebensquelle anerkannt wird und sich diese Lebensquelle auf eine einzige Person beschränken *kann*, aber nicht muss. Wenn sich eine wachsende Zahl von Menschen, die sich in ihren Liebesschicksalen ein Stück Freiheit erworben haben – gleich welcher Art – im gesellschaftlichen Netz bewegen und begegnen, könnte sich eine neue Definition für das Phänomen Liebe und Liebesbeziehung ergeben. Und somit einem nächsten, meiner Ansicht nach notwendigen, gesamtgesellschaftlichen Transformationsschritt Schubkraft geben.

- Im Dreieck lieben – ein Beispiel

Die Idee, jenseits von Reglementierung und struktureller Einfriedung lieben zu dürfen, existiert wohl schon seit Ewigkeiten. Beispiele erfolgreicher Verwirklichung sind mir nicht bekannt, jedenfalls keine, die entscheidend über das Stadium des Versuchs hinausgingen, auch wenn sie im ein oder anderen Fall über Jahre währten. Es blieben eher Tragödien, heroische Entwürfe ohne Gleichgewicht zwischen investierter und gewonnener Lebensenergie oder kleine Fluchten in die Freiheit, beispielsweise in eine Dreiecks-Liebe. Der reale gesellschaftliche Schritt in einen Zustand fließenden *Seins* in Liebesbeziehungen steht noch aus. Und: Mehr und mehr Menschen ringen darum, setzen sich dem Sturmwind ihrer Gefühle und Emotionen aus, verlassen in Liebesfragen gesellschaftlich genormte Komfortzonen. Zum Beispiel David, Lene und Oliver:

[18] Treuegelübde nach Safi Nidiaye [x22]

Seit drei Jahren lebten David und Lene offen eine leidenschaftliche Liebe. Oliver, seit 15 Jahren Lenes Ehemann, hatte in den ersten Monaten mal eifersüchtig und verletzt reagiert, mal überwältigt von der Sehnsucht, durch diese Erfahrung eine ganz neue Beziehung, eine ganz neue Ehe mit Lene zu leben. Dann war ein Zustand eingetreten, in dem alle drei das Gefühl hatten, dass etwas Großartiges mit ihnen geschah, etwas, das sie öffnete und mit dem Leben und der Welt unmittelbar verband. Ein Gefühl, das nur gelegentlich von emotionalen Abstürzen unterbrochen wurde. Sie schauten nicht mehr so genau hin, wer wo den richtigen Platz hatte, achteten weniger oder gar nicht darauf, wo strukturelle und situative Grenzen hätten eingehalten werden müssen, vermieden verbindliche Vereinbarungen. Die Beziehung mit Lene erlebte David in bis dato nicht gekannter Intensität und Reinheit. Er bezeichnete diese Verbindung als „etwas Transpersonales“, das weit über die Beziehung an sich hinausreiche. Immer wieder waren er und seine Geliebte überwältigt von diesem Geschenk des Lebens, im Wissen, dass es am nächsten Morgen auch vorbei sein konnte. Aus dieser Erfahrung heraus sagte David, er wolle keine Liebeskonstellation mit Besitzansprüchen. Oliver, den Ehemann, erlebte er in dieser Beziehung schwankend. „Wenn es ihm mit Lene gut geht, ist er Feuer und Flamme“, erzählte David im Coaching, „wenn es schlecht geht, ist er unzufrieden und will aussteigen.“ Sie stünden jetzt mit ihrem Dreiergeflecht an einem Punkt, „wo wir hinsehen *müssen,* ob unsere Wünsche zusammenkommen können. Und wenn ja, wie das gehen kann. Vielleicht unterscheidet sich das ja grundlegend.“ Es war eine Zeit zu Ende gegangen, während der Lene und David gesichert hatten, sich regelmäßig treffen zu können, indem sie beide an einer Seminarreihe teilnahmen. Das war nun vorbei und es stellte sich die Frage, ob sie etwas erfinden konnten, was die Liebe in der Dreier-Konstellation weiterhin möglich machte. Und zwar so, dass alle Beteiligten ja dazu sagten, weil sie es als Teil des Reichtums ihres Lebens erfuhren und daran mitgestalten wollten. Das bedeutete, dass alle offen bekennen mussten, was sie als Einzelne in dieser Konstellation wollten, jetzt, vor dem Hintergrund der bereits gemachten Erfahrungen. David formulierte sein Ideal: „Die Beziehung von Lene und Oliver und die von Lene und mir sollen voneinander unabhängig und in sich vollständige Beziehungen sein. Der Aktienstand in der einen Beziehung soll nicht zwangsläufig den in der anderen bedingen. Die Beziehung unter uns Männern soll weiter wachsen, weil ich staunend einem Mann näher gekommen bin und gelernt habe, ihn als meinen Bruder zu sehen."

Bisher war es dem Dreieck gelungen die Klippen zu umschiffen. Das war auch gut, weil sie dadurch Zeit gewonnen hatten, sodass sich jeder auf das unbekannte Terrain einstellen und innerlich wachsen konnte. Jetzt aber, nach einem Treffen von David und Oliver zwei Tage zuvor, sah es so aus, als ob die Wünsche der beiden Männer unvereinbar waren. Und allen dreien war es zuvor wie den meisten ergangen, die sich wuchtigen Gefühlen und Emotionen ausgesetzt sehen: Sie waren in heftige Auseinandersetzungen geraten, in unterschiedlichen Paarungen; sie waren nicht mehr die Erwachsenen, sie hatten sich in Kleinkinder verwandelt, waren ihren inneren Stürmen ausgeliefert und in Schuldzuweisungen versunken. „Es ist unsere bisher größte Krise", sagte David im Gespräch und zog die Schultern nach oben. „Wir müssen dem Nichtweiterwissen und der Ohnmacht ins Auge schauen. Die Möglichkeit, dass wir unser Experiment für beendet erklären müssen, steht ernsthaft im Raum." Zwei Tage lang hatte David intensiv auf seine Gedanken und Gefühle geachtet, hatte innerlich viel gearbeitet. „Besonders gut angefühlt hat es sich nicht gerade", war seine etwas lakonische Bilanz. „Aber ich konnte einigermaßen ich selbst bleiben und alles willkommen heißen, was in mir auftauchte. Inzwischen ist wieder Friede in mir. Ich hatte keine Ahnung, wie und in welcher Konstellation es weitergehen würde. Klar war, *es geht weiter,* und, was immer auftauchen wird, ich bin ihm gewachsen."

Einige Tage später erreichte mich eine E-Mail von David. Er schrieb: „Oliver hat gerade angerufen. Es war ein ehrfurchtsvolles und waches Gespräch. Noch einmal wurde deutlich, dass wir letztlich beide der Hingabe verpflichtet sind. Wir sprachen über die Gratwanderung zwischen Hingabe, Unterwerfung und Trotz und über das Training, das wir dafür brauchen. Wir sprachen von der Hingabe an das eigene Selbst als Vorbedingung von Hingabe in einer Beziehung. Und es wurde noch einmal deutlich, dass eine solche Beziehung nur funktionieren kann, wenn Hingabe eben nicht Unterwerfung ist. Wir waren uns klar darüber, dass unser gemeinsames Unterfangen nicht mit einer Erfolgsgarantie-Urkunde versehen ist. Dass wir jederzeit scheitern können, und dass das aber dann kein Makel wäre, dessen wir uns schämen müssten. Es wäre einfach das Ende von etwas, was wir sehr wollten. Wenn man erkennen muss, dass der andere als der, der er ist, in der eigenen Vision einfach keinen Platz finden und man auch keine gemeinsame Vision erfinden kann, ist das unumgänglich.“ Ich war sehr berührt von dem Kontakt, den sich die beiden Männer geschenkt hatten, statt säbelrasselnd gegeneinander ins Gefecht zu ziehen. Ein ungewöhnliches Geschenk, gemacht aus ihrer beider Liebe zu ein und derselben Frau. Die Rivalität war transzendiert, das kämpfen *Müssen* überwunden. Für wie lange, war eine andere Frage – aber der Anfang war gemacht. Davids E-Mail endete so: „Das ruhige Vertrauen in diesem Gespräch war wunderschön. Es war in Ordnung nicht zu wissen, was kommen wird, und zu vertrauen, dass letztlich alle ja sagen werden zu dem, was kommt. Sofort oder mit einer gewissen Verzögerung. Oliver und ich staunten, wie gelöst wir bemerken konnten, dass unsere Dreiecksgeschichte einfach ein Abschnitt dieses nie endenden Prozesses von Wachstum und Entwicklung ist, den unser Leben darstellt. Wir werden die Geschichte weiterschreiben.“

OUTRO I

Die Entpuppung des Schmetterlings

Der Beziehungsansatz „romantische Verliebtheit“ hat sich überlebt. Er hatte seine Zeit, jetzt müssen wir sie beenden, weil der nächste Evolutionsschritt in der Liebe ansteht. Ich frage dich: Wozu verpuppt sich eine Raupe? Aus Lust und Laune? Weil es ihr gerade danach ist? Nein, dieser Vorgang ist nichts Zufälliges, nichts Beliebiges. Die Raupe verpuppt sich, weil ihr Dasein an eine Grenze stößt. So wie bisher kann sie nicht mehr weiter. Die Raupe *muss* sich *ver*puppen – oder sie stirbt. Und die Larve *muss* sich *ent*puppen und ein Schmetterling werden, oder auch sie stirbt. Es gibt Entwicklungsnotwendigkeiten, die einfach sind, weil sie so sind: Imperative Forderungen dieses Prozesses, der Leben heißt. Auch in der Liebe sehe ich diese Entwicklungs*notwendigkeit.* Dabei ist wichtig zu wissen, dass es der Raupe nicht darum gehen kann herauszufinden, wie sie als Raupe weiterleben könnte. Diesbezüglich hat sie keine Freiheit. Sie *muss* sterben, und der Schmetterling *kann* entstehen. Damit ist Schmetterling-Sein aber nicht das endgültige Ziel und das einzig Wirkliche. Schmetterling-Sein ist für dieses Geschöpf – nennen wir es Raupe-Larve-Schmetterling – *eine* von drei notwendigen, ebenbürtigen Formen der Identität. Die Raupe kann sich nur in eine *andere* Form ihrer selbst wandeln, oder sie stirbt. Dasselbe gilt für uns Menschen. Wir haben nicht mehr die Wahl, unsere jetzige Identität zu bewahren und zu schauen, wie wir damit überleben können. Dafür sind die Unterschiede zwischen Arm und Reich zu groß, der Zugang zu hochwertiger Nahrung und sauberem Wasser zu ungleich verteilt, die Geldströme zu intransparent, die Erwärmung des Planeten zu hoch, die Gier zu groß und die Zukunftsperspektiven für zu viele Menschen zu gering. Wie würde sich das Leben als Menschheit verändern, wenn wir uns in eine andere Form unserer selbst wandeln, in Liebe?

Wir haben Spielräume.
Wie die Raupe können wir zwischen Tod und Transformation wählen.
Er-finden wir eine neue Identität!
Entwickeln, entpuppen wir uns in Liebe-Sein!

Dazu brauchen wir die große Vision in Sachen Liebe genauso wie die nüchterne Pragmatik des jeweils nötigen Alltags-Handelns. Und einen Abschied: vom Besitzen-wollen, vom Kontrollieren und vom Manipulieren. Wir brauchen einen wertschätzenden Abschied, der die Vergangenheit integriert als entscheidend wichtige Ausgangsbasis für den nächsten Schritt. Es geht um eine Vision, in der Sein statt Haben im Mittelpunkt steht. Ein Sein, geprägt von Vertrauen, Hingabe, Selbstverantwortung und Klarheit darüber, dass es in keinem Lebensbereich um Sieg oder Niederlage, um Herrschen oder Beherrschtwerden gehen kann, sondern um Begegnungen auf Augenhöhe. In einem solchen Feld werden Liebesbeziehungen erwachsen, sie werden durchdrungen von Feiern, von Spiel und ekstatischem Sein. Liebe kann dann wirklich Liebe sein, befreit vom bisherigen Ballast. Gehen wir also weiter! Uns stehen hinreichend Ansätze und Methoden für Kommunikation und Verständigung zur Verfügung, so dass wir nicht blind vor uns hinstolpern müssen:

Wir können uns ausrüsten, um wach und präzise zu sein.
Die Frage ist, ob wir nutzen, was uns zur Verfügung steht.

Wie viel Zeit haben Menschen, große Visionen zu verwirklichen? Jede Menge Zeichen aus Wirtschaft und Ökologie stehen spätestens für die 20er Jahre des 21. Jahrhunderts auf Sturm. Vielleicht ist die gegenwärtige Gelegenheit, die sich uns privilegierten westlichen Menschen bietet, nur noch für relativ kurze Zeit gegeben. Noch leben wir in materiellen und strukturellen Gegebenheiten, die vielen Menschen einen Entwicklungssprung in der Kunst des Liebens ermöglichen. Wenn wir die Chance nicht nutzen, das noch unbekannte Sein zu wagen, dann wird sich vermutlich die andere Seite der Polarität weiter und verstärkter fortsetzen: ein zunehmender Zerfall jener Sozial- und Versorgungsstrukturen, die uns viel „Freiheit von ...“ ermöglichen.

Nehmen wir unsere Privilegierung an und leben erwachsene Liebesbeziehungen als *einen* Beitrag zum notwendigen Quantensprung in unserem Menschsein. In der Liebe können wir in Freiheit die Verbindung zu Menschen als den uns gegenüberstehenden Anderen entwerfen. Wir können persönliche Modelle für liebendes Sein gestalten. Wenn sich die Beteiligten mit den Kompetenzen des Erwachsenen, der Selbstliebe und Lebensbewältigungsfähigkeit bewegen, dann kann das So-Sein des Einen mit Staunen und Ehrfurcht erlebt werden, selbst wenn es immer wieder störend und schmerzhaft für den Anderen ist. Ich vermute: Diesen atemberaubenden Schritt zu gehen, trauen sich schon viel mehr Menschen, als ich lange Zeit zu hoffen wagte. Sie beginnen, nicht mehr *gegen* etwas zu kämpfen, auch nicht mehr *für* etwas, sondern *mit dem zu sein, was da ist,* auf eine gegenwärtig passende und deshalb wirksame Art.

Fangen wir jetzt an, behutsam in Bedingungslosigkeit hinein aufzuwachen.

Die Liebe ... sie ist ein wunderbares Trainingsfeld. Wo sonst – abgesehen vom Geld – sind wir so leicht und so schnell gefangen im Festhalten und Fordern? Wo sonst fühlen wir uns so schnell der Verzweiflung, Wut, Eifersucht und dem Hass ausgeliefert, wenn wir nicht bekommen, was wir wollen? In ganz unterschiedlichen gesellschaftlichen Kontexten fangen Menschen an, damit zu experimentieren und wagen es, authentischer zu leben. Sie wagen es – nicht nur als Strohfeuer – bewusst zu *sein* miteinander in mehr Selbstliebe, Freiheit, Würde und Verantwortung. Es hat den Anschein, als erfülle sich der Prozess der Individualisierung, in dem Menschen beginnen aus dem Wissen heraus zu leben, dass sie letztlich allein sind und dennoch immer geborgen bleiben. Dass sie als Erwachsene nicht geliebt werden können, wenn sie es nicht selber auch tun. Sie erschaffen sich selbst als Liebende.

Die Liebe bricht sich eine freie Bahn.

OUTRO II

„Beziehungen sind unsere spirituelle Praxis. Wir brauchen eine große Portion Achtsamkeit, Empathie und Klarheit, um eine tiefe Liebe zu kultivieren. Wenn wir lernen, durch unsere Dynamiken hindurchzuschauen und eine inkludierende, unser Ego transzendierende Lebensweise zu verwirklichen, bekommen wir einen Geschmack von wahrer Liebe."

„Unsere Partnerschaften können eine wunderbare Perle des Erwachens werden. Wenn beide sich zu ihrer Wahrheit, zu Gott in sich bekennen, dann kann eine phänomenale Reise in das Wunder der Schöpfung ihren Lauf nehmen. Doch dazu braucht es Mut, um die Muster und Ängste, all das Erlernte, hinter sich zu lassen. Alles geben und nichts mehr zurückhalten. Damit kreieren wir den Himmel auf Erden."

Thomas Hübl[X24]

ANHANG

Anhang

Hier findest du in Kurzvorstellungen einige lohnende Ansätze und Methoden, die ich in den vergangenen 25 Jahren kennen und schätzen gelernt habe. Sie sollen und können nur einen Eindruck geben von dem, worin du dich trainieren, womit du dich und deine Vorhaben unterstützen *könntest.* Sowohl für die individuelle als auch für die gemeinsame Entwicklung in Liebesbeziehungen. Denn es geht darum – gerade in der Liebe – gemeinsam und jeder für sich selbst zu forschen. In die Welt außerhalb der bis dato selbstverständlichen Lebens- und Liebeswirklichkeit zu gehen sich umzusehen, was es überhaupt alles gibt, und wach experimentierend damit Erfahrungen zu machen. Alles, was die Persönlichkeit fordert und fördert und Selbsterfahrung möglich macht, wird dann spannend und interessant. Die folgende Übersicht hat selbstverständlich keinen Anspruch auf Vollständigkeit.

- Der Systemische Ansatz

In Coaching und Psychotherapie betrachtet der systemische Ansatz weniger den Einzelnen denn die Systeme, in denen sich ein Mensch bewegt; die Systeme sind das Interessante. Beispiel Liebesbeziehung: Die Partner bilden ein System miteinander verflochtener und sich wechselseitig am Leben haltender Subpersönlichkeiten. Das *Wir,* die Beziehung, ist Gegenstand der Untersuchung. Sie ist ein eigenständiges Wesen mit Widersprüchlichkeiten, Ängsten, Hoffnungen, Wünschen, mit spezifischen Entwicklungstendenzen und Begrenzungen. Die Systemische Sichtweise versteht den einzelnen Menschen in seinem Beziehungszusammenhang. Sie forscht nach der Bedeutung eines Problems im Kontext seines Auftretens und auf wen es sich auswirkt. Der systemische Blick zielt darauf ab, das innere Erleben eines Menschen und seine Beziehungen im Außen stimmiger werden zu lassen. Er ermöglicht, dass alle Anteile des Systems den ihnen gemäßen Platz und die ihnen gemäße Form finden. Die Erfahrung, die Welt in anderen Rollen zu erleben, ist deshalb bei diesem Ansatz wichtig.

- Biografie-Arbeit

Die Biografie-Arbeit thematisiert die eigene Lebensgeschichte mit dem Ziel, Zusammenhänge zwischen der aktuellen Lebenssituation – beispielsweise in der Liebe – und der kindlichen Erfahrung von der Welt erkennbar zu machen. Man betrachtet auch den Reim, den man sich als Kind auf die Welt gemacht hat, um das Ganze zu verstehen, emotional zu verdauen und es ein Stück weit hinter sich zu lassen. Wenn das in einer Paarbeziehung beide Partner tun, kann eine Dynamik entstehen, die trotz der Beharrungskräfte des Beziehungssystems eine echte und auch dauerhafte Veränderung auslöst. Manche Spielchen verlieren an Attraktivität, die Beziehung hat die Chance, sich wirklich in der Gegenwart abzuspielen.

- Zwiegespräche

Gelingt diese ritualisierte Form des Gesprächs, führt sie zu intensivem Austausch in privaten oder beruflichen Beziehungen. Zwiegespräche können es sehr erleichtern, über schwierige Themen zu sprechen. Oder überhaupt wieder miteinander ins Gespräch zu kommen. Vereinfacht erklärt funktioniert es so: Zwei Menschen treffen sich für eineinhalb Stunden, sitzen sich gegenüber, schauen sich an und erzählen sich abwechselnd, was sie im Moment am stärksten bewegt und beschäftigt. Dazu gehört Persönliches und die Art des Umgangs miteinander. Die jeweilige Redezeit wurde vorher vereinbart, zum Beispiel wechselnd zehn Minuten pro Person. Der eine erzählt oder schweigt während seiner Zeitspanne, der andere hört zu oder hört in sich hinein, sollte sein Gegenüber schweigen. Es geht um das Zuhören, denn keiner ist des anderen Psychotherapeut. Ist das Zwiegespräch beendet, ruhen die besprochenen Themen für eine bestimmte Zeit, z.B. für den Rest des Tages.

Das Zwiegespräch ist eine Methode des Paartherapeuten Michael Lukas Möller. Er hat diese Form der Zweier-Kommunikation in seinem 1988 erschienenen populärwissenschaftlichen Buch „Die Wahrheit beginnt zu zweit. Das Paar im Gespräch" ausführlich beschrieben.

- Familienaufstellungen

Das „SySt-Lexikon" von Iris Unger und Hans-Peter Schulz erklärt dazu Folgendes (www.systemischestrukturaufstellungen.com): „Familienaufstellungen sind eine Form der Systemischen Aufstellungen. (…) Wie der Name schon sagt, werden nur Familienmitglieder bzw. nahe Personen aufgestellt. Es wird davon ausgegangen, dass fast jedes Problem ihren Ursprung in der Familie hat. (…) Auch bei den Systemischen Strukturaufstellungen® gibt es die Möglichkeit, seine Familie aufzustellen. Hier handelt es sich dann um eine Systemische Familienstrukturaufstellung. Bei Familienaufstellungen ist es möglich, sein Herkunftssystem und/oder sein Gegenwartssystem aufzustellen. Herkunftssystem ist die *ursprüngliche* Familie, also Eltern, Geschwister, Großeltern etc. Das Gegenwartssystem ist die *heutige* Familie, also Partner, Kinder etc." Bekanntester Vertreter des Familienstellens ist Bert Hellinger. Systemische Strukturaufstellungen® gehen auf die Psychotherapeutin Insa Sparrer und ihren Ehemann, den Philosophie-Professor Matthias Varga von Kibéd, zurück, der Begriff ist eine eingetragene Marke.

- Gewaltfreie Kommunikation (GFK)

Marshall B. Rosenberg hat diese Kommunikations- und Konfliktlösungsmethode entwickelt. Wobei ich Rosenbergs Ansatz für wesentlich mehr als nur eine Methode erachte, für mich ist er eine innere Haltung, eine verinnerlichte Sicht auf das Leben und den Kontakt mit allem, was mich umgibt. „Die Gewaltfreie Kommunikation ist die verlorene Sprache der Menschheit, die Sprache eines Volkes, das rücksichtsvoll miteinander umgeht und die Sehnsucht hat, in Balance mit sich selbst und anderen zu leben", heißt es in Marshall Rosenbergs Einführungsbuch „Gewaltfreie Kommunikation – Eine Sprache des Lebens". Inhaltlich bedeutet das: „Wir betrachten unsere Art zu sprechen vielleicht nicht als ‚gewalttätig', dennoch führen unsere Worte oft zu Verletzung und Leid – bei uns selbst oder bei anderen. Die Gewaltfreie Kommunikation hilft uns bei der Umgestaltung unseres sprachlichen Ausdrucks und unserer Art zuzuhören. (...) Wir werden angeregt, uns ehrlich und klar auszudrücken und gleichzeitig anderen Menschen unsere respektvolle Aufmerksamkeit zu schenken. Wenn wir die Gewaltfreie Kommunikation in unseren Interaktionen anwenden, ob mit uns selbst, mit einem anderen Menschen oder in einer Gruppe, kommen wir an eine Tür, die auf allen Ebenen der Kommunikation, in allen Altersklassen und in den unterschiedlichsten Situationen im Beruf, im Privatleben und auf dem politischen Parkett erfolgreich geöffnet werden kann." Insbesondere der Junfermann Verlag hat im deutschsprachigen Raum viel zu diesem Thema veröffentlicht. Es gibt neben Grundlagen vermittelnden Büchern einiges über die Anwendung der GFK in Erziehung, Schule, Familie und Beruf. Auch das Angebot an Trainings, Seminaren und „Giraffengruppen" – das sind GFK-Übungsgruppen – ist groß. Eine gute Übersicht findet sich auf der Webseite www.gewaltfrei.de.

- Einfühlsam Zuhören

Der Ansatz ist wahrscheinlich unter seiner englischen Bezeichnung bekannter: Compassionate Listening. Es ist eine kraftvolle, transformierende Methode, um an inneren oder äußeren Konflikten zu arbeiten, bei Selbstbetroffenheit oder in der Beratung anderer. Compassionate Listening ist eine Lebenshaltung, die mehr Mitgefühl und tieferes Verständnis für sich und andere im täglichen Leben kultivieren hilft. Man übt sich, vom Herzen her zuzuhören und zu sprechen.

- Focusing

„Ich hab's im Gespür! (…) Wir haben nur verlernt, dieser inneren Stimme, die sich in unseren Körpergefühlen und Empfindungen ausdrückt, zuzuhören und ihre Wahrheiten zu berücksichtigen." So beschreibt das Internetportal www.therapeuten.de treffend die wesentliche Herangehensweise von Focusing. Ziel ist, den belastenden Kern schwieriger Erlebnisse und Situationen zu klären und wieder innere Ruhe zu finden. „Der deutsch-amerikanische Psychologe Eugene Gendlin hat mit dem Focusing eine ebenso behutsame wie wirkungsvolle Methode entwickelt, wie man mit den eigenen Gefühlen in Kontakt treten und sich von ihnen leiten lassen kann", heißt es in dem Portal. „Grundsätzlich ist es einem jeden Menschen möglich, dieses Verfahren zu erlernen (…). Wer Focusing einmal beherrscht, dem kann diese Fähigkeit zu einem Weg der Selbsthilfe werden, nicht nur in Krisenzeiten, sondern an jedem Tag. Man lernt auf seine innere Führung zu vertrauen."

- Radikale Vergebung

Colin Tipping, in England geborener Therapeut und Autor, hat diese Kombination aus psychologischer und spiritueller Arbeit entwickelt. Sie kann in Einzel Coachings und Seminaren wie auch in Eigenarbeit helfen, mit sich selbst und anderen ins Reine zu kommen, beispielsweise bei Konflikten, Krisen, Krankheiten oder traumatischen Erlebnissen. „In allen Weltreligionen und spirituellen Lehren ist Vergebung ein zentrales Anliegen", schreibt Hina Fruh auf ihrer Webseite (www.radikale-vergebung.de). Die Heilpraktikerin vertritt die Tipping-Methode im deutschsprachigen Raum. „Fast alle Menschen spüren instinktiv, dass Ärger, Wut oder Groll eine große Belastung für sie selbst sind. Colin Tipping hat bei seiner Arbeit mit Krebskranken bemerkt, dass alte Verletzungen, die unvergeben waren, massive Auswirkungen hatten – ja vielleicht sogar den Krebs ausgelöst hatten. Auf der Suche nach einer Möglichkeit, Vergebung schnell und effektiv zu ermöglichen, entwickelte er seine ‚Radikale Vergebung' –

einen radikalen (grundlegend anderen) Ansatz, die Ereignisse in unserem Leben zu betrachten.“ Das Arbeitsblatt zur Radikalen Vergebung, „Dem Wunder Raum geben“, steht als kostenloser Download zur Verfügung: www.radikale-vergebung.de/downloads/tipping-methode-arbeitsblatt.pdf

- The Work

Was geschieht, wenn wir systematisch überprüfen, was wir denken? Und wenn wir nicht mehr *glauben*, was wir denken? Ja, du hast richtig gehört, liebe Leserin, lieber Leser: Was geschieht, wenn du nicht glaubst, was du denkst? Wenn du deinen Gedanken und Emotionen verständnisvoll begegnest, was auch immer es sein mag, sie aber nicht mehr für die einzig wirkliche Wirklichkeit hälst? Der Geist klärt sich, die Verwirrung hat ein Ende, in dieser einen (nun geklärten) Frage bist du – jetzt gerade – erleuchtet. So in etwa könnte die Essenz von „The Work“ klingen, „ein Weg, die Stress erzeugenden Gedanken zu identifizieren und zu hinterfragen, die alles Leiden in der Welt verursachen“, wie es auf www.thework.de heißt.

Byron Katie hat „The Work“ nach vielen Jahren, in denen sie unter schweren Depressionen gelitten hatte, durch ein spontanes, ihr Leben veränderndes Erwachen entwickelt. Sie „entdeckte, dass sie litt, wenn sie glaubte etwas sollte anders sein, als es ist (…), und dass sie Frieden empfand, wenn sie diese Gedanken nicht glaubte. Sie erkannte, dass nicht die Welt um sie herum Ursache für ihre Depression war, sondern ihre Überzeugungen über die Welt. (…) Anstatt den hoffnungslosen Versuch zu starten, die Welt so verändern zu wollen, wie sie unseren Gedanken gemäß sein ‚sollte‘, können wir diese Gedanken hinterfragen, und indem wir der Wirklichkeit so begegnen, wie sie ist, erfahren wir unvorstellbare Freiheit und Freude.“ „The Work“ ist eine einfache, aber – wenn man die vier Fragen und die Umkehrungen wirklich ernst nimmt – meditative, tiefgehende und wirkungsvolle Untersuchung, die Transformation ermöglichen kann. Für Byron

Katie selbst war es das. „Als Resultat wurde aus einer bettlägerigen, selbstmordgefährdeten Frau eine Frau voller Liebe für alles, was ihr das Leben bringt", ist auf der Webseite zu lesen. Dort sind auch eine Anleitung zu „The Work" und mehrere Arbeitsblätter als kostenlose Downloads verfügbar. Hier ein Satz von Byron Katie, der zu einem meiner Leitgedanken geworden ist:

„Ich habe einen anderen Namen für Gott: Wirklichkeit."[X23]

- Körperarbeit

Alte Schriften wie die einige hundert Jahre vor Christus entstandenen Upanishaden beschreiben den Körper als das Fahrzeug der innersten Essenz eines Individuums (Atman); der Lyriker Christian Morgenstern verstand den menschlichen Körper als „Übersetzer der Seele ins Sichtbare"; das große spirituelle Werk „Ein Kurs in Wundern" nennt den Körper schlicht und eindeutig „Lernhilfe". Das ist die Intention, aus der ich an dieser Stelle auf einige (wenige!) Möglichkeiten von Körperarbeit hinweise: um Muskel- und Gewebeverspannungen zu lösen, Entschlackungs- und Entgiftungsprozesse einzuleiten und zu unterstützen, um physischen, mentalen und emotionalen Stress zu verringern, körperliche – und in der Folge vielleicht auch seelische – Schmerzen zu lindern und so Körper, Geist und Seele zu neuer Geschmeidigkeit, Kraft und Freiheit zu verhelfen. Im Folgenden findest du einige Hinweise auf bewährte Methoden der *Körperarbeit*, verbunden mit der Bitte, dir weiterführende Informationen zu besorgen:

Atemarbeit – beispielsweise Rebirthing, Holotropes Atmen, die Buteyko-Methode oder die Quantum Light Breath Meditation – nutzt das bewusste Atmen, um die Grenzen körperlicher und geistiger Möglichkeiten zu erweitern, z.B. um sich mit unterdrückten Emotionen zu verbinden oder sie aufzulösen.

Die *Biodynamische Körperpsychotherapie* nutzt „strukturierte Massagen und direkte Körperbehandlungen. Die unmittelbare Arbeit mit und am Körper ist der Schwerpunkt“, erklärt die Europäische Schule für Biodynamische auf ihrer Webseite (www.biodynamik.de). Und nennt als bedeutendste Wirkung, „in sich ein sicheres Zuhause zu finden und sich selbst und dem eigenen Körper und Gefühl zu vertrauen“.

Die *Feldenkrais-Methode* ermöglicht, mehr über die Bewegungsmuster des eigenen Körpers zu erfahren, um nachteilige Muster durch vorteilhafte zu ersetzen. In Einzelsitzungen bewegt der Therapeut den Klienten vorsichtig, um wohltuende Alternativen zu gewohnten Bewegungsabläufen zu erkunden.

Die *Grinberg Methode* „ist ein strukturierter Weg durch und mit dem Körper zu lernen“, informiert die Website der lizenzierten Lehrer und Trainer der Grinberg Methode in Deutschland (www.grinbergmethod-germany.com). „Ihr Ziel ist es, das Wohlbefinden im täglichen Leben zu steigern. (…) Ob es sich darum handelt, bestimmte unerwünschte Situationen zu beenden oder sich über persönliche Ziele klar zu werden und diese umzusetzen; das Lernen über den Körper ermöglicht uns, die Grenzen zu überwinden, die uns normalerweise daran hindern, solche Veränderungen zu verwirklichen. (…) Wir können durch den Körper lernen, uns nicht automatisch so zu verhalten wie wir es aus vergangenen Erlebnissen gelernt haben und wahrzunehmen, welche neuen Möglichkeiten uns unser heutiges Leben bietet.“

Bei der *Dorn-Breuss-Methode* wird der Rücken zunächst mit einer Massage gelockert und anschließend die Wirbelsäule aufgerichtet und ins Lot gebracht. Da mit einem verschobenen Wirbel meistens auch emotionale Erlebnisse verbunden sind, kann mit dieser Therapie blockierte Energie freigesetzt werden. Jedem Wirbel sind mögliche Beschwerden und innere Probleme zugeordnet.

Neben der klassischen medizinischen Behandlung können *Massagen* auch der Selbstbeobachtung und -erforschung dienen. Es gibt viele Spielarten; entsprechend lohnend ist es, einiges auszuprobieren: von *Ayurvedischer Yoga-Massage*, bei der mit warmem Sesamöl und Kalmuswurzelpulver massiert wird, über die *Hot Stone Sensitive Massage* mit warmen Specksteinen bis hin zur als „Yoga für Faule“ bekannten *traditionellen Thai-Massage*, die Techniken der Druckpunktmassage mit intensivem Bewegen des ganzen Körpers in verschiedenen Positionen verbindet.

Qigong (gesprochen: tschigung) ist eine chinesische Meditations-, Konzentrations- und Bewegungsform zur Kultivierung von Körper und Geist. Auch Kampfkunst-Übungen werden darunter verstanden. Zur Praxis gehören Atemübungen, Körper- und Bewegungsübungen, Konzentrationsübungen und Meditationsübungen. Die Übungen sollen der Harmonisierung und Regulierung des Qi-Flusses im Körper dienen“, ist bei Wikipedia zu lesen. Qi „steht in der chinesischen Philosophie und Medizin sowohl für die bewegende als auch für die vitale Kraft des Körpers, aber auch der gesamten Welt. In der chinesischen Sprache hat es die Bedeutung von Atem, Energie und Fluidum. ‚Gong‘ als chinesischer Begriff bedeutet einerseits ‚Arbeit‘, aber auch ‚Fähigkeit‘ oder ‚Können‘. Somit kann man Qigong übersetzen als ‚stete Arbeit am Qi‘ oder auch als ‚Fähigkeit, Können, mit Qi umzugehen, es zu nutzen.‘“

Rolfing basiert auf dem Gedanken, dass es für jeden Menschen „eine natürliche, optimale Aus- und Aufrichtung gibt, die unsere Beziehung zur Schwerkraft erleichtert“, so die Europäische Rolfing Association (www.rolfing.org). „Durch Rolfing können Geschmeidigkeit und Gleitfähigkeit des Gewebes wiederhergestellt und der Körper wieder besser ins Lot gebracht werden. Dies gibt dem Körper mehr Bewegungsfreiheit bei der Erfüllung seiner Funktionen.“

Shiatsu, in Japan als eigenständige Behandlungsmethode anerkannt, will das physische, emotionale und geistige Wohlbefinden fördern und Möglichkeiten der Entfaltung und Entwicklung aufzeigen, wie bei www.wikipedia.de zu lesen ist. Diese Form der Körpertherapie ist aus der traditionellen chinesischen Massage hervorgegangen, der Behandelnde arbeitet weniger mit Muskelkraft als mit seinem Körpergewicht.

Yoga dient heute als Oberbegriff für Techniken und Methoden, mit denen der Mensch seine Erfahrungen von Körper, Geist und Seele verbinden kann, so der Deutsche Yoga Dachverband (www.vylk.de). „Auf körperlicher Ebene dehnen und stärken Yogahaltungen jede Muskelgruppe. Das führt zu mehr Kraft, Bewegungsfreiheit und guter Haltung. (...) Yoga stärkt die Funktion aller Organe und Organsysteme. Dadurch wird Gesundheit bewahrt oder wiederhergestellt."

- Spirituelle Praxis

Eine spirituelle Praxis kann vieles sein. Ich meine damit ganz allgemein ein Tun, das den Menschen unterstützt, die eigenen Gedanken und Emotionen zu beobachten, zu Ruhe und Besinnung zu kommen, Distanz zu gewinnen zu den kleinen und großen Geschehnissen des Lebens. In aller Regel zeichnet sich eine spirituelle Praxis dadurch aus, dass man sie sehr regelmäßig ausführt, vielleicht täglich, vielleicht sogar zur selben Tageszeit. Und zwar auch dann, wenn man sich gerade nicht danach fühlt. In diesem Sinne sind Gebet, Meditation im Sitzen oder Gehen in Achtsamkeit genauso eine spirituelle Praxis wie es seitenlanges ununterbrochenes Schreiben, ausgiebiges Laufen, Tanzen, Singen oder Mandala-Malen auch sein können. Und das ist nur der Anfang einer langen Liste.

- Selbsthilfe (-Gruppen)

Sich mit anderen zusammenzutun, die auf demselben Weg sind wie man selbst, kann sehr wirksam sein, um sich aus der Verfangenheit einer alten Identität zu lösen und in eine neue hineinzuwachsen. Es geht nicht darum, sich *gegen* etwas zusammenzuschließen.

Die Gruppe soll ein Ort sein, um offen sprechen zu können – beispielsweise über Erfahrungen im Forschungsabenteuer Liebe – und sich von den Erfahrungen der anderen beschenken zu lassen. Neue Lebensformen und -entwürfe können sich leichter und schneller in die Wirklichkeit hinein entfalten, wenn unsere Experimente begleitet sind von Menschen, die miteinander in offenem, interessiertem und möglichst wenig wertendem Austausch sind. Gedanken, Gefühle, Erinnerungen, Befürchtungen und Hoffnungen haben so ihren Platz. Wenn du dir selbst und anderen zeigen kannst, was in dir nach Verwirklichung drängt, kannst du leichter wählen, was davon du leben willst. Die Gruppe – auch eine Workshop- oder Seminargruppe – kann unterstützend sein, um von da, wo du gerade stehst, den dir gemäßen nächsten Schritt zu machen, Pannen zu bearbeiten, dich inspirieren zu lassen und neue Energie freizusetzen. Die Fähigkeit wächst, mit dem eigenen Selbst in einer sich entwickelnden Beziehung zu stehen.

- (Personal) Coaching

(Personal) Coaching ist in meiner Definition ein partnerschaftlicher Prozess der Entwicklung: Coach und Klient arbeiten selbstverantwortlich zusammen, sie sind stets und immer auf Augenhöhe. Es ist eine individuelle, vertrauensvolle und diskrete Zusammenarbeit, eine besondere Chance, Defizite aufzuarbeiten, schwierige Situationen, Herausforderungen oder Vorhaben zu durchdenken und passende Handlungsweisen zu entwickeln. Um den Blick für das Wesentliche zu schärfen, sich zu klären und Ziele leichter und schneller zu erreichen. Neben den Grundprinzipien von Coaching – Selbstbestimmung, Freiwilligkeit, Unabhängigkeit und Ergebnisoffenheit – sind Entschlossenheit und Beharrlichkeit der Klienten wesentliche, den Erfolg bestimmende Kriterien. Coaching-Interessenten müssen etwas vorhaben und sich dabei unterstützen lassen *wollen* (weitere Informationen: www.mann-frau.de).

• Energiearbeit – Sexualität – Spiritualität

Tantra ist ein spiritueller Weg, der das Sinnliche integriert. Es wird gerne mit dem indischen Kamasutra verwechselt oder auf die Tantra-Massage reduziert, gilt unter Kennern aber als gelebte Praxis zur Selbsterkenntnis und Bewusstseinserweiterung. „Tantra (Sanskrit ‚Gewebe, Kontinuum, Zusammenhang') ist eine Strömung innerhalb der indischen Philosophie, entstanden als zunächst esoterische Form des Hinduismus und später des Buddhismus (vgl. Vajrayana) innerhalb der nördlichen Mahayana-Tradition." Diese Definition bietet Wikipedia an. „Die Ursprünge des Tantra beginnen im 2. Jahrhundert, in voller Ausprägung liegt die Lehre jedoch frühestens ab dem 7./8. Jahrhundert vor. (...) Das Wort Tantra wird von der Sanskritwurzel *tan* (ausdehnen) abgeleitet. Tantrismus bedeutet somit allumfassendes Wissen oder Ausbreitung des Wissens." Die im Westen verbreiteten Tantra-Schulen beziehen sich teils mehr, teils weniger auf diese Tradition und sind wesentlich vom indischen Mystiker Osho inspiriert. Viele verstehen sich explizit als moderne Schulen für Liebe, Sexualität und Partnerschaft. Sie arbeiten mit unterschiedlichen Konzepten und Methoden der humanistischen Psychologie und der körperorientierten Psychotherapie. Der Grad an sexueller Offenheit ist in den Kursen und Trainings sehr unterschiedlich, von daher ist es je nach individuellen Grenzen empfehlenswert, sich vor dem Besuch eines Tantra-Kurses entsprechend zu informieren. Einen umfangreichen Überblick über das Seminarangebot im deutschsprachigen Raum findet sich auf der unabhängigen Plattform www.tantra-info.ch.

Tantra-Massage: „Die Tantramassage ist ein umfangreiches Massage- und Verehrungsritual, bei der der ganze Körper berührt und massiert wird", schreibt der Tantramassage-Verband auf seiner Webseite. „Der Intimbereich wird (...) auf harmonische und natürliche Art ebenso mit einbezogen. Ein genitaler oder oraler Geschlechtsverkehr findet nicht statt. Bei der Tantramassage wird die orgasmische Energie des Klienten von Beginn an geweckt, erhalten und in den ganzen Körper gebracht. Es geht für den Empfangenden darum, das eigene Potenzial der sinnlich-sexuellen Lebenskraft unmittelbar an sich selbst zu erfahren und weiter zu entfalten." Angeboten werden Massagen für Männer, für Frauen und für Paare. Informative Internet-Plattformen zu dieser sinnlichen Erfahrung sind www.tantramassage-verband.de und www.tantra-massage.de.

Chuluaqui Quodoushka, spirituelle Sexualität: Es gibt deutschsprachige Workshops zu diesem schamanischen Zugang zur Sexualität (www.lust-und-wissen.de): „Die Älteren sagen, dass die Sexualität die zentrale Energie ist, die katalysierende Kraft, und die am stärksten transformierende, energetisierende und befreiende Kraft innerhalb unseres Kreises des Selbst." Die Kurse basieren auf Wissen der Deer Tribe Metis Medicine Society (Scottsdale, Arizona). Auf deren Webseite www.dtmms.org heißt es: „Sexualität ist eine der am stärksten missverstandenen und missbrauchten Energien der heutigen Zeit. Die spirituell-sexuellen Quodoushka-Teachings bringen uns zurück zu dem Bild, dass Sex natürlich, heilig und schön ist." Das Kapitel „Das Medizinrad der Beziehungsformen" in Teil III basiert auf dem Wissen dieser Tradition.

Body De-Armoring, Entpanzerung des Körpers: Diese Herangehensweise fußt wie das Chuluaqui Quodoushka auf der Tradition der Deer Tribe Metis Medicine Society. Der Entpanzerungsprozess nutzt entweder den Atem oder die sexuelle Energie, für letzteres gibt es nicht viele erfahrene Begleiter. www.bodydearmoring.ch bietet diese schamanische Körperarbeit in zweiwöchigen Workshops an. Sie arbeiten vornehmlich „mit sexueller Energie, weil so der Mensch unmittelbar seine Seelenkraft berührt", heißt es auf der Webseite, und begleiten „mit vielen traditionellen Teachings über das zentrale Lebensthema Sexualität. Wir bringen altes Wissen ein, das in unserer Gesellschaft verloren gegangen, aber entscheidend ist für ein tiefes und verantwortungsvolles Selbst-Verständnis als reifes, sexuelles Wesen.“

- Liebes-Workshops und -Seminare

Liebes-Workshops und -Seminare gibt es in den unterschiedlichsten Färbungen. Am besten du studierst in Ruhe Anbieter-Webseiten und Programmunterlagen, folgst deinem Bauchgefühl, redest mit Freunden darüber, probierst das eine oder andere aber unbedingt auch selbst aus – schließlich urteilst du aus *deinem* Wertesystem und willst *deine* Anliegen bearbeiten und *deine* eigenen Erfahrungen machen. Als Beispiele für facettenreiche Angebote nenne ich HAI, ZEGG, die Schule des Seins und das Institut für Lebenskunst.

www.LiebstDuSchon.de ist die Webseite des gemeinnützigen Vereins „Hand on Heart – Verein zur Förderung von Begegnungen in Liebe und Toleranz“. Er organisiert in Deutschland die Workshops des „Human Awareness Institute HAI“ aus Kalifornien/USA zu den Themen Liebe, Nähe und Sexualität (www.hai.org). Die Workshops versprechen Fähigkeiten zu vermitteln, „die uns mehr Freude, Genuss, Klarheit und Selbstbestimmung in diesen sensiblen Bereichen ermöglichen. Eine solche Veränderung wirkt sich in sämtlichen Bereichen unseres täglichen Lebens positiv aus.“ Die Webseite hält darüber hinaus viel Wissenswertes sowie Hinweise auf Beratungs-, Selbsterfahrungs- und Fortbildungsmöglichkeiten bereit.

ZEGG-Seminare und Tagungen findest du im Zentrum für Experimentelle Gesellschaftsgestaltung (www.zegg.de). Das ZEGG ist eine heute rund 100 Menschen umfassende Lebensgemeinschaft, die ein Tagungszentrum betreibt. „Erfahrungen und Bewusstheit in Liebe, Sexualität und Partnerschaft genießen einen besonderen Schwerpunkt in der Forschung des ZEGG und immer wieder auch in unseren Seminaren und Tagungen. Werkzeuge und Erfahrungen aus über 30 Jahren Gemeinschaftsleben fließen ebenfalls in diese Kurse mit ein. Wir wollen mit unseren Veranstaltungen der begründeten Hoffnung Nahrung geben, dass ein ‚anderes Leben' möglich ist, ein Leben, das die Erde und die Menschen heilt statt zerstört", ist auf der Webseite zu lesen. „Wir möchten Lebensformen schaffen, die Liebe und Sexualität als Lebensquellen bewusst und positiv integrieren. Wo Vertrauen entsteht, kann sich Liebe – auch die erotische und sexuelle Liebe – ausweiten und immer mehr Menschen einbeziehen."

www.art-of-being.de ist ein von der Tradition und Philosophie des Tantra inspiriertes, freies „Institut für ganzheitliche Heilkunde und persönliche Entwicklung". Gründer und Leiter ist der Heilpraktiker für Körperpsychotherapie und Tantra-Lehrer Saleem Matthias Riek. „Die Grundhaltung unserer Arbeit wird geprägt von einer annehmenden, das Leben bejahenden Präsenz", informiert die Webseite. „Tantra und die Kunst des Seins bilden die Grundlage für unsere Seminare und Trainings. Hier können Sie Ihre Lebendigkeit hervorlocken, Ihre Präsenz schulen, Ihre Liebesfähigkeit erweitern und Ihre Natur als sinnliches und sexuelles Wesen mit Würde und Respekt für individuelle Grenzen wiederentdecken und entwickeln. (…) Die tantrische Kunst des Seins ist ein manchmal spielerischer, manchmal herausfordernder Prozess, in dem die gefühlte Sehnsucht zum inneren Treibstoff und Wegweiser wird."

„Ein blühendes spirituelles Zentrum", so begrüßt *www.institut-lebenskunst.de* seine virtuellen Besucher. „Wir vermitteln die Schlüssel-Kompetenzen, die es braucht, um als Mensch in Beziehung, Beruf und Gesellschaft Freude, Sinn, Erfolg, Erfüllung und Liebe zu erfahren." Es gibt „Specials" zu Sexualität und Spiritualität. „Unserer Arbeit liegt das Verständnis der Einheit von Körper, Gefühlen, Geist und Seele zugrunde. Sie orientiert sich am indianischen Energierad und integriert darüber hinaus tantrisches Wissen, östliche spirituelle sowie westliche psychologisch/transpersonale Ansätze und sexualwissenschaftliche Aspekte."

Geleitet wird das Institut von Michaele Kuhn und Frank Fiess, beide haben umfangreiche Erfahrungen und Ausbildungen in Pädagogik, Psychologie, Körperarbeit und Psychotherapie, Frank Fiess ist zudem Tantra-, Yoga-, und Feuerlauf-Lehrer.

- Bücher (sechs ausgewählte Tipps – als erste Anregung)

„Die neue Lustschule – Sexualität und Beziehungskultur" von Hans-Joachim Maaz, Verlag C.H. Beck, 2009

„Guter Sex ist eine Frage der seelischen Verfassung der Beteiligten und ihrer Beziehungskultur. Unsere Fähigkeit, uns selbst und unserem Partner Lust zu verschaffen, hängt davon ab, ob unsere Beziehung zu ihm von Gleichrangigkeit, Gefühlsoffenheit und Vertrauen geprägt ist. Wo Körperlust und Beziehungslust zusammenkommen, ist Sex der Königsweg zu Entspannung und Lebensfreude."

„Der Weg des wahren Mannes – Ein Leitfaden für Meisterschaft in Beziehungen" von David Deida, Kamphausen, 2006

„Mann und Frau sind gleichwertig, aber nicht gleich. Eigentlich eine Binsenweisheit (...). Trotzdem gebären die Verschiedenheit von Mann und Frau und die daraus resultierenden Missverständnisse ein sich permanent erneuerndes Menschheitsdrama. Denn Männer beurteilen weibliches Verhalten nach männlichen Maßstäben (und umgekehrt)."

„Liebe dich selbst und es ist egal, wen du heiratest" von Eva-Maria Zurhorst, Goldmann Arkana, 2004

„Eva-Maria Zurhorst, die aus ihrer Erfahrung als Beziehungscoach reichlich Einblick hat in den Rosenkrieg vieler Paare, räumt gründlich auf mit der Erwartung, beim nächsten Partner werde alles anders. Partnerschaft ist für sie ein ebenso anspruchsvoller wie lohnender Entwicklungsweg. Eine tiefe Beziehung ist auch dort möglich, wo Hoffnung vielleicht schon aufgegeben wurde."

„Die Psychologie sexueller Leidenschaft" von David Schnarch, Piper, 2009
„David Schnarch zeigt, dass Liebesbeziehungen zu einer Differenzierung des Selbst herausfordern. Man muss lernen, sich dem Partner gegenüber mit echten Gefühlen zu zeigen und in der Intimität bei sich selbst zu bleiben. Das ist eine sehr hohe Anforderung, deren Erfüllung oft schwierig und schmerzlich ist. Intimität und enge Bindung sind nach David Schnarch nur möglich, wenn die Autonomie der Partner gesichert bleibt. Erst das eröffnet die Möglichkeit, die Beziehung auch sexuell spannungsgeladen und lebendig zu erhalten."

„Herzensfeuer – Eine Liebeserklärung an die Paradoxien des Lebens" von Saleem Matthias Riek, Hans-Nietsch-Verlag, 2008
„Mit Begeisterung, Klarheit, Humor und vielen alltagsnahen, berührenden Beispielen beschreibt Saleem Matthias Riek, wie Widersprüche uns Tag für Tag aufwecken, zu innerer Heilung, zu größerem Gewahrsein und zu tieferer Liebesfähigkeit führen können. ‚Herzensfeuer' eröffnet uns einen Zugang zu der Weisheit, die in Polaritäten wie Frauen und Männern, Liebe und Sexualität, Freiheit und Bindung (…) verborgen liegt. So finden wir heraus aus der Enge des Entweder-Oder und hinein in die manchmal unbequeme, aber letztlich befreiende Weite eines Sowohl-als-auch."

„Slow Sex – Zeit finden für die Liebe" von Diana Richardson, Integral Verlag, 2011
„Mein Partner Michael und ich bieten seit 1993 einwöchige Making-Love-Retreats an. In diesen Seminaren versuchen wir, Paaren einen neuen Zugang zum Sex zu vermitteln. Statt allzu aktiv zu sein, geht es darum, nicht so sehr auf den Orgasmus abzuzielen, sondern das Tempo zu drosseln und jeden Moment bewusst zu genießen, damit die subtileren Nuancen der Vereinigung nicht verloren gehen. Kurz gesagt: Wir bringen den Paaren bei, wie sie eine entschleunigte Sexpraxis kultivieren können. Wir

haben keinen Zweifel daran, dass Paare, die sich beim Sex mehr Zeit lassen und dabei jeden Augenblick bewusst genießen, mehr Sinnlichkeit, Sensitivität und Befriedigung erleben. Zudem fühlen sie sich danach in ihrer Zweisamkeit von der Liebe genährt und als Individuum gestärkt."

Ich sage danke

Wenn es darum geht, vielen wichtigen Menschen zu danken, dann findet sich das Ende nicht so leicht. Und ich *möchte* vielen Menschen danken, weil sie auf ganz unterschiedliche Arten Teil dieses Buchs sind. Danken für so vieles, das sie mir geschenkt, zur Verfügung gestellt, anvertraut, mich gelehrt haben. Ich werde mich dennoch kurz fassen.

Mein Dank gilt meiner Gefährtin Birgit Wittenberg für Raum und Zeit und geduldige Gespräche, die gelegentliche Zweifel an diesem Buchprojekt in Zuversicht und Entschlossenheit wandelten. Und ich danke ihr für kluge Textkritik und die Grafik zum Medizinrad der Beziehungsformen.

Ebenso danke ich Christiane Mrozek, Mutter meiner Kinder und beste Freundin, sowie meinem Journalistenkollegen und Freund Marcus von Schmude für scharfsinnige und kenntnisreiche Anmerkungen zum Buchmanuskript.

Die Frauen und Männer, die ich den vergangenen 20 Jahren in Seminaren und Coachings ein Stück Weg begleiten durfte, haben mir mit ihrer Suche, Offenheit und ihrem Vertrauen viele wertvolle Erkenntnisse geschenkt. Ebenso die Wolfenmühle-Bewohner und -Bewohnerinnen in Breuberg und die ZEGG-Gemeinschaft in Bad Belzig. Ich bedanke mich von Herzen dafür.

Wichtige Impulsgeber und Unterstützer in besonderen Lebensphasen waren Arno Börtzler, Grace Pampus, Peter Jessen (†), Anny Zollinger, Byron Katie, Marshall B. Rosenberg, Batty Gold, Rose Fink, Thomas Hübl, Bhagat und viele andere mehr.

Meine Verehrung und mein Dank gilt den wunderbaren Frauen, denen ich begegnet bin. Danke für meine Männerfreunde, die mich schon so viele Jahre herausfordernd und herzlich begleiten.

Last but not least verneige ich mich vor der Chefin der Literaturagentur „sinntext“, meiner einfühlsamen, wissenden und herzvollen Lektorin, die ihrem Nachnamen alle Ehre macht. Sie heißt Kleinod. Mit Vornamen Ina.

Herzlichen Dank!
Robert Heeß

Der Autor

Robert Heeß – Jahrgang 1957, (Ehe-) Mann, Liebhaber, Vater, Coach, Seminarleiter und Autor – lebte mehr als 20 Jahre in größeren gemeinschaftlichen Zusammenhängen, davon 16 Jahre im Zentrum für Experimentelle Gesellschaftsgestaltung ZEGG im südwestlichen Brandenburg. „Ein Dauer-Workshop in Sachen Liebe und Partnerschaft, Kommunikation und Konfliktbearbeitung“, wie er auf seiner Webseite schreibt.

Mehr: www.mann-frau.de

Literatur und Quellen

X1 Gabriel Barylli, „Honigmond“, Fischer Taschenbuch Verlag, August 1995

X2 Eckhart Tolle: „Worte sind wie Wegweiser – Lehren, um unsere wahre Identität zu erfahren“, Doppel-CD, Arkana Audio, 2002

X3 Interview mit Richard David Precht, WDR/SWR/BR alpha, Juni 2010

X4 Johann Schneider, „Burnout vorbeugen und heilen“, Junfermann 2013, bezugnehmend auf einen Artikel von Hans Jellouschek, erschienen in der „Zeitschrift für Transaktionsanalyse ZTA“, 2-3/2008, S. 117–125.

X5 Ulrich Clement, „Wenn Liebe fremdgeht“, Ullstein 2009

X6 Friedemann Schulz von Thun „Miteinander reden“ Bd. 3, Rowohlt Taschenbuch Verlag, Sonderausgabe April 2001

X7 Marshall B. Rosenberg, „Gewaltfreie Kommunikation – Eine Sprache des Lebens“, Junfermannsche Verlagsbuchhandlung, 5. Auflage 2004

X8 Eckhart Tolle, „Jetzt – Die Kraft der Gegenwärtigkeit“, J. Kamphausen Verlag, 11. Auflage 2004

X9 Paolo Coelho, „Der Zahir“, Diogenes Verlag, 2005

X10 Quelle: www.ekartenwelt.de/r-bauch-kummer/2

X11 Quelle: www.grusskarten-e-cards.de/handyspruueche/liebes-sprueche.php

X12 Ron Smothermon: Drehbuch für Meisterschaft im Leben, 12. Aufl., Context-Verlag, 1997

X13 Reinhard K. Sprenger, „Die Entscheidung liegt bei dir“, Doppel-CD, Campus Audiobook 2002

X14 zitiert nach Kurt Tepperwein, „Du machst mich krank – Die Sprache der Symptome erkennen und verstehen; Warum viele Beziehungen so ungesund sind“, mvg Verlag, 4. Auflage 2004

X15 zitiert aus Stephen R. Covey, „Der Weg zum Wesentlichen“, Campus Verlag, 4. Auflage 2001

X16 Diane Richardson, „Zeit für Liebe: Sex, Intimität und Ekstase in Beziehungen“, Innenwelt Verlag 2004

X17 Die Bibel, 1. Buch Moses 3

X18 Heinz Kohut, zitiert nach Peter Kutter in „Liebe, Haß, Neid, Eifersucht: Eine Psychoanalyse der Leidenschaften“, Vandenhoeck & Ruprecht, 1994

X19 Marianne Williamson, „Rückkehr zur Liebe“, Goldmann Verlag, 1993

X20 Eckhart Tolle, „Sogar die Sonne wird verglühen“, Arkana Audio 2003

X21 TV-Beitrag „Liebe, Lust und Wahrheit – Was wir wollen“, philosophische Themenwoche „Die Suche nach Glück“ auf 3sat, August 2010;

X22 zitiert nach Dolores Richter, „Liebe als soziales Kunstwerk“, S. 87, Verlag Freimut und Selbst, 2. Auflage 2011

X23 Byron Katie, „Eintausend Namen für Freude – Leben in Harmonie mit dem Tao“, Arkana 2007

X24 Sharing The Presence Newsletter 08/13, Thomas Hübl